貴州少數民族語言文字研究
下冊

韋 煜 主編

目錄　C O N T E N T S

CONTENTS

水語通用量詞及語義特徵分析

現代漢語中的通用量詞，有表達名量的「個」「隻」，有表達動量的「次」「回」等。在水語中也有用於表達名量和動量的通用量詞「lɑːm¹³ 個（事物）」「ʔai³³ 個（人）」「to⁵² 隻（動物）」和「lɑn³⁵」。水語中的通用量詞在適用範圍、語義特徵、語法功能等方面都表現出與現代漢語通用量詞不同的特點。

文章主要將水語與漢語的通用量詞進行對比分析，討論水語通用量詞的適用範圍、語義特徵和類別功能，並對水語通用量詞的類型學特徵進行了分析。本文的語料來源於對黔南州都勻市奉合鄉水語名量和動量結構搭配情況的田野調查，還參考了曾曉渝、姚福祥《漢水詞典》中的相關語料。[1]

一、水語通用名量詞及語義特徵分析

「個」是現代漢語中使用頻率很高的一個通用量詞，能夠用於表達人、動物、事物及抽象名詞等的量概念，如「一個人」「一個猴子」「一個雞蛋」「一

黃芳

1　本文的語料來源為都勻奉合水語的田野調查；部分語料來源於《漢水詞典》（曾曉渝、姚福祥，1996）以及韋學純對苗草水語的描寫。由於奉合水語與三洞水語不屬於一個土語區，所以奉合水語語料與《漢水詞典》語料表現出一定差異，文中凡是引用的語料都注明了出處。
本文採用調值標記水語聲調，凡來源於《漢水詞典》的水語語料都將調類轉為調值標注。

個念頭」等。現代漢語中「個」的通用範圍非常廣，有生命和無生命的名詞都能通用。

　　水語中嚴格區分了對有生命名詞和無生命名詞的計量，其中有生命的名詞還嚴格區分了對人和事物計量的量詞。「la:m¹³（事物）」「ʔai³³ 個（人）」「to⁵² 隻（動物）」是水語中三個通用於名詞前的量詞，這三個量詞分別用於計量無生命的事物、人和動物，不能混用，表現出很強的類別功能。

　　1.「la:m¹³（事物）」

　　韋學純認為：「『lam¹¹』的本義是『果子』，如：lam¹¹mai⁵³『樹的果子』，經過語法化後，變為量詞，用來做圓形或球形的東西的量詞。」用「lam¹¹」作量詞的名詞主要是日、月、星、球等球形的事物，「這個量詞有了通用化的傾向，能夠和它組合的名詞越來越多，幾乎相當於漢語『個』」[1]。

　　水語中通用量詞「la:m¹³ 個（事物）」僅用於無生命的事物計量。與它搭配的名詞主要是具有強實體特徵的事物，從所搭配名詞的形狀特徵來看，方形、圓形和條形等具有規則形狀的事物和具有不規則形狀特徵的事物都可以與量詞「la:m¹³ 個（事物）」搭配，例如：

一把鎖	ti³³ la:m¹³ fuŋ³³ [2]	一口鍋	ti³³ la:m¹³ tse⁵⁵ [2]
	一（量）鎖		一（量）鍋
一個櫃子	ti³³ la:m¹³ kui³³	一盞電燈	ti³³ la:m¹³ tian³¹ te⁵⁵
	一（量）櫃子		一（量）電燈
一張桌子	ti³³ la:m¹³ hi³³	一所學校	ti³³ la:m¹³ ɕo³¹ ɕa:u¹³ [2]
	一（量）桌子		一（量）學校

一把椅子	ti³³ laːm¹³ ndwan³⁵	一輛車	ti³³ laːm¹³ sjue³³
	一（量）椅子		一（量）車
一杆槍	ti³³ laːm¹³ tsjuŋ⁵⁵	一架飛機	ti³³ laːm¹³ fei³¹ ȵi³³
	一（量）槍		一（量）飛機
一個皮包	ti³³ laːm¹³ pheu¹³ pi³¹〔2〕	一座橋	ti³³ laːm¹³ ȵiu⁵²
	一（量）皮包		一（量）橋
幾個雞蛋	ȶi³³ laːm¹³ ka³⁵ qaːi³⁵〔2〕	一個印章	ti³³ laːm¹³ tsaːŋ³³〔2〕
	幾（量）雞蛋		一（量）印章

以上例子中的名詞「鎖」「櫃子」「桌子」「椅子」「槍」「皮包」「雞蛋」「鍋」「電燈」「學校」「車」「飛機」「房子」「橋」「印章」都使用同一個量詞「laːm¹³ 個（事物）」。這些名詞的共同語義特徵在於它們都是具有空間實體特徵的無生命事物。該量詞不適用於「水」「氣」等不具有穩定形體特徵的流體（液體、氣體）。

　　通用量詞能夠與不同的名詞搭配。以現代漢語中的通用量詞「個」為例來看，與漢語通用量詞「個」搭配的名詞有一個共同的語義特徵〔＋物體〕，而〔＋物體〕的語義特徵包括了〔＋實體性〕這樣的性狀特徵。只要是具有〔＋實體性〕這一語義特徵的名詞就都能與通用量詞「個」搭配，這是語義適配性的表現。

　　水語通用量詞「laːm¹³ 個（事物）」也是如此，水語中具有〔＋實體性〕語義特徵的名詞一般都能與通用量詞「laːm¹³ 個（事物）」搭配。與漢語通用量詞「個」的不同之處在於，水語通用量詞「laːm¹³ 個（事物）」還

具有〔－生命〕這樣的語義特徵，不能與具有生命性的名詞搭配。以下是漢語水語通用量詞的語義特徵對比分析。

個：〔±生命〕

laːm¹³：〔－生命〕

現代漢語中性狀量詞十分豐富，性狀量詞指以被計量事物的性質、形狀等特徵作為計量單位，性狀量詞相對於其他個體量詞而言，「強調的是被計量事物的性狀特徵，其產生的理據是用事物的部分、性狀等來代表事物整體」[3]。性狀量詞使漢語中一些名詞常能夠從不同的角度來計量個體數量，體現出所指事物不同角度的特徵，如「一條繩子」「一根繩子」「一個繩子」中的量詞「條」「根」「個」都能體現被計量事物的性狀特徵。「條」體現出繩子的線狀特徵和柔軟性特徵，「根」只突出繩子細長的線狀特徵，「個」被稱為通用量詞，是就量詞的使用範圍而言的。同時，作為一種性狀量詞，「個」只是針對繩子所具有的實體性特徵，反映出對事物的整體性認知。

就筆者對水語中一百多個名詞與量詞搭配情況的考察來看，水語中的名詞大多只傾向於從整體的角度來計量事物，水語中的性狀量詞沒有漢語豐富，對於一種事物，一般只搭配一個個體量詞，這是與漢語個體量詞的不同之處。例如：漢語中與桌子搭配的個體量詞可以是「張」「面」「個」，如「一張桌子」「一面桌子」「一個桌子」。水語中則只有一個個體量詞「laːm¹³」，構成「ti³³ laːm¹³ hi³³」一（量）桌子，沒有反映從不同角度對桌子認知的其他性狀量詞，並且「laːm¹³」通用於具有空間實體特徵的無生

命事物。

　　受漢語的影響，水語量詞系統中有不少從漢語中借入的量詞，例如：

幾輛車　　　　　ɬi³³ liaːŋ⁵⁵ tshə³³　　　一班車　　　ti³⁵ pan³⁵ tshə³³

　　　　　　　　幾（量詞，輛）車　　　　　　　　一（量詞，班）車

　　對「車」數量的計量，除了上文中的「laːm¹³」，一輛車「ti³³ laːm¹³ sjue³³」，還有來源於漢語的「liaːŋ⁵⁵ 輛」、「pan³⁵ 班」，「pan³⁵ 班」計量的是車的班次數量，與個體數量有所區別。水語中有很多個體量詞都來源於漢語，如「一塊磚 ti³ kwai³⁵ ɬon¹³」中「kwai³⁵ 塊」。這些外來借入的個體量詞豐富了水語的個體量詞系統。

　　與漢語通用量詞「個」一樣，水語中「laːm¹³ 個（事物）」也能夠與表達抽象概念的名詞搭配。例如：

一個字　　　　　ti³³ laːm¹³ le¹³　　　一句話　　　ti³³ laːm¹³ huŋ¹³

　　　　　　　　一（量）字　　　　　　　　　　　一（量）話

　　上例中的「字」「話」和具有空間實體特徵的事物名詞相比，所指的物件相對抽象。這種現象是認知上隱喻現象的反映，即通過事物之間相似性特徵的聯繫，將對事物的認知由具體認知域向抽象認知域投射。

　　水語通用量詞「laːm¹³」與漢語通用量詞「個」一樣，具有一定的獨立性，能夠在沒有名詞出現的情況下與數詞搭配。「laːm¹³」既能與確數詞搭配，也能與概數詞搭配，例如「一個 ti³³ laːm¹³」「一兩個 ti³³ ɣa³¹ laːm¹³」

「幾個 ȶi^{33} lɑːm^{13}」。

2.「ʔai^{33} 個、位（人）」和「to^{52} 隻、頭（動物）」

水語中人和動物各有其專門的通用量詞「ʔai^{33} 個、位（人）」和「to^{52} 隻（動物）」，二者不能混用。「ʔai^{33} 個、位（人）」是專用於人的通用量詞，「to^{52} 隻（動物）」是專用於動物的通用量詞。

（1）「ʔai^{33} 個、位（人）」

一個人	ti^{33} ʔai^{33} zən^{13}	一個成人	ti^{33} ʔai^{33} lɑːu^{52}
	一（量）人		一（量）成人
一位客人	ti^{33} ʔai^{33} hek^{55}	一名教師	ti^{33} ʔai^{33} lɑːu^{52} sʅ^{33}
	一（量）客人		一（量）教師

「ʔai^{33} 個、位（人）」是個一般通用於人的個體量詞，具有〔＋人〕語義特徵。當不強調性別特徵時，〔ʔai^{33}〕具有〔±男性〕的性別語義特徵。水語中有專用於女性的個體量詞「ni^{52}」，所以當強調性別特徵時，「ʔai^{33}（男性）」就是一個與「ni^{52}（女性）」相對的具有區別性別作用的個體量詞，專用於男性，如「一個男人 ti^{33}ʔai^{33} mbɑːn^{13}」「一個女人 ti^{33} ni^{52}ʔbjɑːk^{55}」。

（2）「to^{52} 隻、頭（動物）」

「to^{52} 隻、頭（動物）」在水語中是通用於計量動物數量的個體量詞，與漢語通用量詞「個」不同之處在於，「to^{52} 隻、頭（動物）」只能用於動物；但與漢語通用量詞「頭」「隻」不同的是，「to^{52} 隻、頭（動物）」適

用於所有的動物。家畜、獸類、禽鳥、魚類、昆蟲等都通用一個量詞「to^{52} 隻、頭（動物）」。例如：

一隻雞	ti^{33} to^{52} qɑːi^{35}	一頭豬	ti^{33} to^{52} mu^{35}
	一（量）雞		一（量）豬
一匹馬	ti^{33} to^{52} mɑ^{52}	一頭牛	ti^{33} to^{52} po^{52}
	一（量）馬		一（量）牛
兩頭牛	ɣ^{31} to^{52} po^{52}	兩條魚	ɣ^{31} to^{52} mom^{55}
	兩（量）牛		兩（量）魚

「分類詞的作用是體現人類和所指對象的三種互動關係：物理的、功能的和社會的」[4]，水語通用量詞「to^{52} 隻、頭（動物）」反映水語使用者對動物主要是從生命性角度來認知，而不是從動物形體特徵、功能特徵等其他方面來認知，〔＋動物〕是水語通用量詞「to^{52}」所具有的重要語義特徵。這種現象是社會性因素在語言中的反映。

總體來看，水語中用於表達名量的通用名量詞「lɑːm^{13} 個（事物）」「ʔai^{33} 個（人）」和「to^{52} 隻（動物）」主要分類依據是社會性，名詞的生命度特徵在水語通用量詞的分類功能上起重要的作用。表 1 清晰地反映出漢語和水語通用名量詞在生命度特徵上的不同特點。

表 1　漢語和水語通用名量詞在生命度特徵上的不同特點

適用範圍 語言	有生命		無生命
	人	動物	
漢語	個（一～人）	個（一～猴）	個（一～碗）
水語	ʔai^{33}（一～人）	to^{52}（一～牛）	lɑːm^{13}（一～碗）

水語屬於漢藏語系侗臺語族侗水語支。侗水語支的語言大都屬於量詞發達型語言。侗水語支語言中的通用量詞大多具有與水語通用量詞相似的類型特徵。水語 ʔai³³、毛南語 ai³³、侗語 muŋ⁵²、仫佬語 mu⁵⁵ 都是用於人的個體量詞；水語 to⁵²、毛南語 to⁵²、壯語 tu³¹、布依語 tu³¹、侗語 tu³¹、仫佬語 to³¹ 是用於動物計量的個體量詞；水語 lɑːm¹³、壯語 an¹³、布依語 dan¹³ 侗語 ɫak⁵⁵、仫佬語 lak³⁵ 是用於事物計量的個體量詞。總體來說，與水語通用名量詞一樣，侗水語支語言中通用名量詞主要的分類依據也是社會性。儘管在這些語言中，通用名量詞的適用範圍有一些差異，但是總體上來看，名詞的生命度特徵在侗水語支語言通用名量詞的分類功能方面產生了重要影響。

二、水語通用動量詞及語義特徵分析

現代漢語中動量詞「次」「回」是表達動作頻次量[1]的通用量詞，漢語中很多動詞都能夠與「次」「回」搭配表達動作的頻次量。「lan³⁵」是水語中用於表達動作頻次量的通用量詞。下面對水語通用量詞「lan³⁵」的語法和語義特徵進行分析。

1.「lan³⁵」只表達動作頻次量，不含其他的語義資訊

一出（場、次）戲　ti³³ lan³⁵ ɕi¹³　　吃一頓（次）飯 tsje³⁵ ti³³ lan³⁵ ʔau⁵²

　　　　　　　　　一（量）戲　　　　　　　　吃一（量）飯

去一趟（次）　　pɑːi¹³ ti³³ lan³⁵　打一下（次）　kui¹³ ti³³ lan³⁵

　　　　　　　　　去一（量）　　　　　　　　打一（量）

1　頻次量，指動作反復的次數。參見黃芳《先秦漢語量範疇研究》（華中科技大學博士學位論文，2010）中關於頻次量的相關論述。

下一陣（次）雨　　taŋ¹³ ti³³ lan³⁵ hun¹³　　見一面（次）ndo³³ ti³³ lan³⁵

　　　　下　一（量）雨　　　　　　　　　　　見　一（量）

　　從上例子可以看出，「lan³⁵」在水語中用於表達各種動作行為反復的次數。與「齣」「場」「趟」「下」「頓」「面」這些漢語動量詞相比較來看，水語動量詞「lan³⁵」只表達動作頻次量，不表達動作進行的時間、方式等其他的語義資訊。「lan³⁵」最主要的語義特徵是〔＋動作〕〔＋頻次〕，水語中具有頻次特徵的動詞一般都能夠與動量詞「lan³⁵」搭配。

　　從筆者對水語動量搭配情況的考察來看，與漢語動量詞的不同之處在于，水語中的動量詞沒有漢語動量詞豐富。雖然水語中也有少量的專用動量詞，如「一陣雨　ti³³ ni⁵² fən¹³」[2]，但在語義上，水語動量詞側重於表達頻次量。

　　漢語動量詞將對動作狀態的不同認知顯性化地表達出來。例如：「一齣戲」「一場戲」「一臺戲」儘管都表達的是「戲」演出的次數，但是動量詞「齣」「場」「臺」各有其側重點，「出」偏重於演出動作，「場」偏重於演出時間，「臺」則偏重於演出地點。動量詞除了具有表達動作頻次的功能，還能表達其他的一些語義資訊。在水語中動量詞「lan³⁵」只表達頻次而已，「一齣戲」「一場戲」「一臺戲」「一次（回）戲」在水語中都用「ti³³ lan³⁵ ɕi¹³」表達，動量詞「lan³⁵」並不表達動作頻次之外的其他資訊。

　　再如，「打一拳」在水語中是「taːt⁵⁵ ti³³ lan³⁵」[2]，漢語中由身體名詞「拳」充當臨時動量詞，表達動作「打」的工具和方式，水語中則只用「lan³⁵」[2]表達出動作頻次量。「一陣」不僅表達頻次資訊，還包含動作

的時間資訊，水語中「一陣 ti³³ lɑn³⁵」只表達出動作頻次量。

2. 漢語借詞和臨時動量詞豐富了水語動量表達

（1）水語的動量詞中，除了通用量詞「lɑn³⁵」，還有一些漢語借詞和臨時動量詞，如「phja³³」「thaŋ¹¹」「pai³¹」「tən³¹」等從漢語借入的動量詞。

這些動量詞使水語動量詞能夠表達出較豐富的語義資訊。例如：「一頓飯」在水語中可以說「一頓飯 ti³³ lɑn³⁵ ʔau⁵²」，也可以說「一頓飯 ti³³ tən³¹ ʔau⁵²」，可以使用通用量詞「lɑn³⁵」和「tən³¹」。

韋學純認為，水語中「lɑn³⁵」「phja³³」「thaŋ¹¹」「pai³¹」四個動量詞沒有嚴格分工。例如：

pa：i³¹ ti³³ lɑn³⁵ 去一回，pa：i³¹ ti³³ phja³³ 去一次，pa：i³¹ ti³³ thaŋ¹¹ 去一趟[1]

ʔniŋ³⁵ ti³³ lɑn³⁵ 看一回，ʔniŋ³⁵ ti³³ phja³³ 看一次，ʔniŋ³⁵ ti³³ thaŋ¹¹ 看一趟[1]

以上反映的是苗草水語中通用動量詞的情況，就筆者對奉合水語的調查來看，奉合水語中傾向於使用通用量詞「lɑn³⁵」。這種現象反映出水語不同土語區在語言上的差異性。

一些漢語動量詞借入水語後，受水語的影響，其功能也發生了變化。例如，「三遍 phja³³ham¹³」[2]中的「phja³³ 遍」是從漢語中借入的動量詞。借入水語後，「phja³³ 遍」所具有的〔頻次〕語義特徵被使用，而其他的語義特徵則被忽略，表達頻次量成為其主要的功能。例如：

來了一回　taŋ¹³ ljeu31 ti³³ phja³³〔2〕　　　　跑一趟　　phjɑːu¹³ ti³³ phja³³〔2〕

　　來 了 一（量詞，遍）　　　　　　　　　　跑 一（量詞，遍）

　　「phja³³ 遍」在借入水語後，在很多時候都能與水語通用量詞「lan³⁵」互換，上面例子中的「phja³³ 遍」也能夠用「lan³⁵」表達。例如：「再做一回　he⁵² ʔai³⁵ ti³³ lan³⁵」〔2〕「去一趟（次）pɑːi¹³ ti³³ lan³⁵」。這種現象是受水語側重於表達動作的頻次資訊而忽略其他資訊特點的影響。

　　（2）與漢語一樣，水語中也有由其他詞臨時充當動量詞的現象。例如：

下一盤棋　ɕia¹³ ti³³ pon⁵² ȶhi⁵²　　　　　請一桌客　ȶhin⁵² ti³³ hi³³ zən¹³

　　下 一 盤 棋　　　　　　　　　　　　　　請 一 桌 客

看一眼　　ndo³³ ti³³ ndɑ¹³　　　　　　　瞧一眼　　ʔniŋ⁵⁵ ti³⁵ ndɑ¹³

　　看 一 眼　　　　　　　　　　　　　　　瞧 一 眼

瞟一眼　　ljɑːi¹³ ti³³ ndɑ¹³〔2〕

　　瞟 一 眼

　　這些由名詞充當的臨時動量詞都能表達動作頻次量。與通用量詞「lan³⁵」的不同之處在於，這些臨時動量詞除了表達動作頻次量，還能夠表達其他的語義資訊。上面的例子不僅表達了動作的頻次量，還表達了動作進行所使用的工具、方式等資訊，這是通用量詞「lan³⁵」沒有的功能。

　　綜上所述，水語中有表達名量和動量的通用量詞，這些通用量詞表現出與漢語通用量詞不同的特徵。「laːm¹³ 個（事物）」「ʔai³³ 個（人）」「to⁵²

隻（動物）」是水語中三個通用於名詞的量詞，這三個量詞對其所搭配名詞的生命度有較嚴格的區分，分別用於非生命的事物、人和動物的計量。「la:m¹³ 個（事物）」所具有的〔＋物體〕語義特徵涵括了〔＋實體性〕〔－生命〕語義特徵，這是「la:m¹³ 個（事物）」能夠通用於事物計量的主要語義特徵。名詞的生命度特徵在水語通用量詞的分類功能上起到重要的作用，與侗水語支其他語言的通用量詞表現出相同的類型學特徵。

　　水語通用量詞「lan³⁵」表達動作的頻次量。「lan³⁵」只表達動作頻次量，不表達動作進行的時間、方式等其他的語義資訊。「lan³⁵」最主要的語義特徵是〔動作〕〔頻次〕。水語動量詞在語義上側重於頻次量的表達。

◐ 參考文獻

〔1〕韋學純.水語描寫研究〔D〕.上海：上海師範大學，2011.

〔2〕曾曉渝，姚福祥.漢水詞典〔M〕.成都：四川民族出版社，1996.

〔3〕黃芳.先秦漢語量範疇研究〔D〕.武漢：華中科技大學，2010.

〔4〕劉丹青.語法調查研究手冊〔M〕.上海：上海教育出版社，2008.

（原載於《黔南民族師範學院學報》2013 年第 3 期）

藏緬語目的複句特徵分析

——兼與漢語比較

范麗君

目的複句是語言表達目的關係的一種重要手段。藏緬語的目的複句句式可分為哪幾種類型，其關聯標記的位置模式有何特點，與其親屬語言漢語相比，二者之間有哪些連繫和區別，本文試就這些問題進行探討。

一、藏緬語目的複句的句式特點

（一）目的—行為句和行為—目的句

目的複句的兩個分句中，一個分句是要達到的目的，一個分句是為達到目的所採取的行為或措施。根據分句所處的先後位置，藏緬語目的分句可分為目的—行為句和行為—目的句。

1. 行為—目的句

此類目的複句的兩個分句中，前一分句是為達到目的所採取的行為或措施，後一分句是要達到的目的。如：

羌語[1]：

no⁵⁵ sa³¹ u³³ ti³³ na⁵⁵ ŋa³³ kuə³¹ χty³³ a³¹, mian⁵¹ te³³ zuə³³ ko³³ ə̌³¹　la⁵¹ i³¹.
你　羊（助）好好　放牧（語氣詞）免得 地、 田（助）下去
你要把羊放好，免得下地（吃莊稼）。

爾龔語〔2〕：

ŋeɲɯu thɛvɛ kuŋtso ŋuəme gɯ vaŋ methilɛnthɯ，xɯiɲo sənxo gɛgɛ gɔjɛ.

我們　現在 工作好好地（前加）做（連詞）以後生活更加（前加）好

我們現在好好地工作，為的是以後生活得更好。

2. 目的—行為句

此類目的複句的兩個分句中，前一分句是要達到的目的，後一分句是為達到目的所採取的行為或措施。如：

瑪曲藏語〔3〕：

ŋ̍ khoŋ ŋa hək tɕhat hda，khər tɕha ka xaŋ ptɕat ne　soŋ nə.

房　　　修建 為 了他們　　木 砍　　（助）去 了

為了修建房子，他們去伐木了。

扎巴語〔4〕：

a^{55} lo^{31} mə^{55} ntɕə^{55} ndu^{31} di^{55} I^{55} ʂpa^{55} ȵi^{31} ntɕho^{55} a^{55} mui^{31}.

生蛆　免於　　　灶 灰　拌和（助）泥　　做

為了避免生蛆，用灶灰拌和成泥。

阿卡語〔5〕：

mɔ^{55} do^{33} bji^{33} mɯ^{31} la^{55} ɣ^{33} ba^{31} da^{33} nɜ^{33}，jɔ^{31} nɔ^{33} na^{33} lu^{31} ga^{55} ma^{33} tshɤŋ^{33}.

身體　　讓 好 要 的 為了　　　每天　　　路　　　走

為了身體好，每天都要走路。

根據我們的考察，藏緬語中目的—行為句占多數。

（二）有標目的複句和無標目的複句

藏緬語目的複句中兩分句間目的關係的表達，一種是通過關聯標記標明，前文提到的都是有標記的目的複句，另一種是通過分句間的行為、目的關係意合而成。如下兩例則是無標記的目的複句。

格曼語[6]：

kin⁵⁵ muɯ³¹ taŋ⁵³ a³¹ aʌŋ³⁵ ɬe⁵⁵ na⁵⁵ lʌp⁵⁵ ŋit⁵⁵ ，kin⁵⁵ guat³⁵ kɯ³¹ sɯt⁵⁵ sam⁵⁵ mʌŋ⁵⁵

我們　村　　　　　樹　　些　還　種　　打算　我們　地方美變

我們村要種很多樹，以美化我們的環境。

邦朵拉祜語[7]：

jɔ⁵³ mɔ⁵³ ja̠³¹ qɔ³³ dʑa⁵³ tɛ³³ ve³³ ， nɔ³¹ ju³¹ ʁa³³ pi⁵³ dɔ⁵³ ve³³.

他東西　路邊　放在（語）你　拿到　給　想（語）

他把東西放在路邊，好讓你拿。

以上兩例都是獲得性目的複句，複句間的目的關係要根據分句間的語義關係判定，沒有明顯的關聯標記。

二、藏緬語目的複句關聯標記的位置模式類型

根據目的複句中行為句和目的句的先後順序以及目的關聯標記在這兩個分句中的首尾位置，藏緬語目的複句有以下五種位置模式類型。

（一）行為句句尾—目的句模式

此模式指在行為—目的句中，目的複句關聯標記位於前一分句——行為分句的末尾。如：

錯那門巴語〔8〕：

tA³¹ tA⁵³ ŋA³⁵ rAʔ⁵³ te³¹ ly:³⁵ mAŋ³⁵ po⁵³ sAʔ⁵³ cuʔ⁵³ jin³⁵ cAŋ⁵³，ʑu³⁵ lA³¹ pruʔ⁵³ mAŋ³⁵ po⁵³ thup⁵³ cuʔ⁵³ jin³⁵.

現在　　我們　　（助）肥料多　　　積　（連詞）以後糧食多得到　　　（助動）

現在我們多多積肥，為的是將來多打糧食。

（二）目的句句尾—行為句模式

此模式指在目的—行為句中，目的複句關聯標記位於前一分句——目的分句的句尾。如：

嘉戎語〔9〕：

tə-zɐ ka-za wu tʃhəs kə, rdʑən tə-mȵa-i kə-ra-ma ka-tʃhe ŋos.
飯吃為了而　經常　地裡　（助）做活　去　是
為了吃飯，而經常到地裡去勞動。

勒期語〔10〕：

ŋjaŋ³³ no⁵³ ju:⁵⁵ a⁵³ ka³³ ŋ⁵³ kjɔʔ³¹ mo⁵⁵ tsəŋ⁵³ɔ: ŋ⁵⁵ pjam⁵³.
他　病看　　為了難大母賣　掉
為了看病，他把老母雞賣了。

（三）行為句—目的句句首模式

此模式指在行為—目的句中，目的複句關聯標記位於後一分句——目的分句的句首。如：

貴瓊語[2]：

dʑu⁵⁵ zi⁵⁵ me⁵⁵ lɛ⁵³ gie³⁵ gie³⁵ tsi³³ kũ⁵⁵ tso³³ pɛ̃³³ ɲi³³，we³⁵ te³³ sĺ³³

咱們　　現在　　好好地　　工作　做　　　　為的是

na⁵⁵ ji⁵⁵ ʑi⁵⁵ ʑi⁵⁵ kø³⁵ tɕha⁵⁵ tɔ⁵⁵ ji⁵⁵ ɲi⁵⁵ gie³⁵.

　今後　　　　生活　更加　好

咱們今天好好地工作，為的是今後生活得更好。

卡多話[11]：

ʐɔ³¹ xɔ³¹ thɯ³¹ ɲi³³ tɯ³¹ ɕe³⁵ a³¹ sĺ³¹ khɔ³³ thɔ³¹ xɔ⁵⁵ ʑɪ⁵⁵ tɕɯ⁵⁵~³⁵，wei⁵⁵

他　一天　　每　果　種　著　處　去　就　為了

liɔ³¹ nɔ³¹ ɔ⁵⁵ mjo⁵⁵ mu³¹ nɛ³³.

　你（賓）　見　要（連）

他天天去果園，就是為了見你。

（四）目的句句首—行為句模式

此模式指在目的—行為句中，目的複句關聯標記位於前一分句——目的分句的句首。如：

卡多話〔11〕：

wei⁵⁵ liə³¹ tɕhɛ̄³³ tsɔ̄⁵⁵ mu³¹ nɛ³³ ŋɔ⁵⁵ kɔ³¹ ʑɔ³¹ pjo³¹ lɹ³³.

為了　　錢　賺　要（連）我工　　幫　去

為了掙錢，我出去打工。

西摩洛語〔12〕：

ui⁵⁵ lɯ³³ ʃiō³¹，ɯ⁵⁵ pho⁵⁵ kho³¹ a³¹ ʂʅ³¹ v⁵⁵ ji⁵⁵ kji⁵⁵.

為了　漂亮　她　衣服　　新　　買

為了漂亮，她去買新衣服。

（五）行為句—目的句句尾模式

此模式指在行為—目的句中，目的複句關聯標記位於後一分句——目的分句的句尾。如：

邦朵拉祜語〔7〕：

jɔ⁵³ so³³ ku⁵³ te⁵³ khɛ³³ vɤ³¹ ɕe³¹，ja⁵³　li̠³¹ xe⁵³ qe³³　ɕa³³　ve³³　pa³³ tɔ³³.

他 自行車　一輛　買 了 孩子 讀書去　方便　的　　為了

他買了一輛自行車，為的是孩子上學方便。

載瓦語〔13〕：

jaŋ³¹ lǎ³¹ kɔ³¹ ɲ̩³¹ tʃa²³¹ lɛ⁵¹　　　kə³¹　　　thaŋ⁵¹ phjaŋ³¹ tʃɔŋ³¹ mɔ⁵⁵ tɔ²³¹ ȥa⁵¹ mā³¹ tu⁵⁵ ŋut⁵⁵ lɛ⁵¹.

他　認真　學習（非實然）（話助）　以後大學　上（將行）為了是（非實然）

他好好學習，是為了以後上大學。

三、藏緬語目的複句中目的句句尾—行為句模式傾向性

　　我們統計了二十八種藏緬語（方言）的目的複句的關聯標記模式，發現在前文所述的五種關聯標記模式中，目的句句尾—行為句模式佔優勢，具體情況見表1。

表1　藏緬語目的複句模式類型表

類型 語言	行為句 句尾—目的 句模式	目的句 句尾—行為 句模式	行為句— 目的句 句首模式	目的句 句首—行為 句模式	行為句— 目的句 句尾模式
瑪曲藏語		ɣə; tɕhat hda			
錯那門巴語	jin^{35} cAŋ^{53}				
白馬語	ĩ^{53}				
羌語（桃坪）			mian^{51} te^{33}		
普米語（大羊村）		ga^{31} we^{31} ʐ^{31}			
嘉戎語		wu tʃhəs kə			
扎巴語		mə^{55} ntɕə^{55}			
爾龔語	methilenthɯ				
景頗語		mā^{31} tu^{33}			
獨龍語		sa^{53}			
傈僳語（碧江）		na^{53} ma^{44}		pɯ^{55} do^{44}	
哈尼語		thɔ^{31} ŋɔ^{33}			
卡多話				wei^{55} liɔ^{31}	
西摩洛語				ui^{55} lɯ^{33}	
阿卡語（泰國）		lɛ^{55}			
拉祜語		pa^{33} tɔ^{33}			
邦朵拉祜語		pa^{33} tɔ^{33}			pa^{33} tɔ^{33}
苦聰話		ŋɛ^{33}			
白語（鶴慶）			ue^{55} liau^{31}	ue^{55} liau^{31}	

續表

類型 語言	行為句 句尾—目的 句模式	目的句 句尾—行為 句模式	行為句— 目的句 句首模式	目的句 句首—行為 句模式	行為句— 目的句 句尾模式
白語（趙莊）				fv⁴⁴ ui⁴⁴	
土家語（靛房）			lo³⁵ te³⁵ ɕe³⁵		
載瓦語		mǎ³¹ tu⁵⁵			mǎ³¹ tu⁵⁵
載瓦語（西山）		ga³¹ we³¹ ʒ³¹			
阿昌語（戶撒）		ʂ aŋ³⁵ xɔ⁷⁵⁵			
阿昌語（梁河）		ka³³			
浪速語		mɜ̌³¹ tu³⁵			
波拉語		ŋ⁵⁵ jaŋ³¹			
勒期語		a⁵³ ka³³ ŋ⁵³； ka³³ ŋ⁵³； a⁵³ ka³³ ma⁵⁵ tu³³			

如表 1 所示，五種目的複句關聯標記模式在藏緬語中分布較為零散，但大多數語言都有目的句句尾—行為句模式，占比約百分之六十七點九。七種語言有句首的關聯標記，除了桃坪羌語、白語、西摩洛語、土家語、卡多話外，其他語言都有句尾的關聯標記。目的複句關聯標記在句尾的模式佔優勢，與藏緬語的語序有關，藏緬語是後置詞語言，絕大多數目的關聯標記也後置於句尾，後置的目的複句關聯標記與其語序類型相協調。藏緬語目的複句中目的句句尾—行為句的模式佔優勢，有二十三種語言的目的句先於行為句，這些語言以突出目的為先，然後才是為達到目的所採取的行為，說明藏緬語目的複句表達以突出目的為目標，注重目標的實現。

除個別語支語言的目的關聯標記有同源關係，如景頗語的「mǎ³¹ tu³³」、載瓦語的「mǎ³¹ tu⁵⁵」和浪速語「mɜ̌³¹ tu³⁵」。其他各語言的目的關聯

標記都是獨自產生和發展的，並且不太豐富，大多數語言只有一個目的複句關聯標記。

四、藏緬語目的複句與漢語目的複句的比較

（一）藏緬語和漢語關聯標記都兼屬不同詞類

漢語典型的關聯標記「為了」「除了」不僅是連詞，還是介詞。藏緬語多數語言的目的關聯標記作連詞，有的兼表其他邏輯關係，如因果關係。還有一些語言的目的關聯標記，除能作連詞兼表不同的邏輯關係外，還作助詞或介詞，如苦聰話[14]的「$ȵɛ^{33}$」。

1. 連接狀語和中心詞，作介詞，引導時間地點

$ɕɿ^{55} mi^{31} ȵi^{33} ȵɛ^{33} a^{31} mɯ^{31} gɯ^{33} kɤ^{31} ɕi^{33} ti^{31} tshv^{55} na^{55} mʌ^{31} fa^{33} sɤŋ^{33}$.

前天　　　從　現在　到　　　一樣　　都　沒　發生

自從前天以來，啥事也沒發生。

2. 作賓語補足語標記

$fɤ^{55} ȵɛ^{33} mɯ^{33} za^{35} tɕɛ^{35}$.

熱　　呆　難　很

熱得難受。

3. 話語標記

$sa^{33} xiɛ^{55} ȵɛ^{33} v^{33} tsa^{55} ȵɛ^{33} na^{55} a^{33} tɕi^{55} miɛŋ^{31} tiɛ^{31} ɤʌ^{33} tsʌ^{31} a^{33}$.

肉　和　　　菜　都　一點　多　　　得　吃（語助）

肉和菜都多吃一點。

上述例子中第一個 $\eta\epsilon^{33}$ 為介詞，後兩個 $\eta\epsilon^{33}$ 作助詞。

（二）藏緬語目的複句關聯標記模式類型多

漢語目的複句關聯標記模式只有一種，即行為句—目的句句首型，而藏緬語有五種之多。究其原因，與語言語序類型、關聯標記與目的句結合緊密程度以及語言間的借代關係等因素相關。

漢語沒有目的—行為句類型，而藏緬語有目的句句尾—行為句、目的句—行為句句尾兩種類型。在行為—目的句中，漢語有行為—目的句句首型，藏緬語有行為句句尾—目的型、行為句句首—目的型、行為—目的句句首型三種類型。藏緬語屬 SOV 型語言，連接詞以後置詞居多，通常位於語句的句尾，故藏緬語比漢語多出了位於句尾的關聯標記。

其次，漢語目的關聯標記與目的句結合緊密，只附著於目的句上，而藏緬語有附著於行為句上的關聯標記，如錯那門巴語。

錯那門巴語[8]：

$t_A{}^{31} t_A{}^{53} \eta a^{35} r_A{}^{\Omega 53} te^{31} ly:^{35} m_A\eta^{35} po^{53} s_A{}^{\Omega 53} cu^{\Omega 53}$

現在　　我們　　（助）肥料多　　積

$jin^{53} c_A\eta^{53}$, $zu^{35} l_A{}^{31} pru^{\Omega 53} m_A\eta^{35} po^{53} thup^{53} cu^{\Omega 53} jin^{35}$.

（連詞）　以後　糧食　多　　　得到　（助動）

現在我們多多積肥，為的是將來多打糧食。

再次，由於語言接觸的關係，藏緬語目的句句首—行為句型和行為—

目的句句首型關聯標記主要借用漢語詞彙，行為—目的句句首型的關聯標記如羌語的 mian⁵¹te³³，鶴慶白語的 ue̠⁵⁵liau³¹，靛房土家語的 lo³⁵te³⁵ɕe³⁵ 等，目的句句首—行為句型的關聯標記如卡多話 wei⁵⁵liɔ³¹，西摩洛語 ui⁵⁵lɯ³³，鶴慶白語的 ue̠⁵⁵liau³¹ 和趙莊白語的 fv⁴⁴ui⁴⁴ 等，這些前置型的關聯標記多是語言接觸的產物。

（三）藏緬語各語言表目的關係的關聯標記少於漢語

藏緬語的目的關聯標記多數是積極含義，免除類或消極義的關聯標記幾乎沒有，即便存在也是借自漢語。如桃坪羌語的 mian⁵¹te³³，這就造成藏緬語目的複句關聯標記數量較少。另一方面，漢語積極義的目的關聯標記有「為了」「以便」「為著」「為」「用以」「為的是」等，數量較多，而藏緬語各語言積極義目的關聯標記一般只有一個。這兩個方面的原因造成藏緬語各語言表目的關係的關聯標記數量較少。

（四）藏緬語目的複句關聯標記兼作因果複句關聯標記

漢語目的複句和因果複句存在著一定的關係，比如現代漢語存在「之所以……是為了」的句式，使我們難以歸納其屬因果關係還是目的關係。邢福義把目的句歸入因果類複句這個大的分類當中。[15]呂叔湘認為目的關係是一種廣義的因果關係。[15]他還說：「目的，一方面可以說是內在的原因，另一方面也可以說是預期的效果。」[16]

藏緬語一些語言的目的複句關聯標記與因果複句關聯標記具有一致性，同一個關聯標記兼表兩種邏輯關係。如：

景頗語[1]：

（1） ʃi³³ lai³¹ ka³³ kʒai³¹ mǎ³¹ ʒi³³ n³¹ na⁵⁵ ， joŋ³¹ pheʔ⁵⁵　　thi⁵⁵ ʃǎ³¹ ŋun⁵⁵ ai³³.

　　　他 書 很　　　買　　（連詞）　都 （賓助） 讀使 （尾）

　　　他買了很多種書，以便大家讀。

（2） an⁵⁵ the³³ n³³ tʃe³³ n³¹ na⁵⁵ ， ʃa³¹ ʃeʔ³¹ naŋ³³ pheʔ⁵⁵ sa³³ san⁵⁵ kaʔ³¹ ai³³.

　　　我們 不懂　　因為 只才　你（助）來　　問　（尾）

　　　我們不懂，才來問你的。

例句（1）是目的複句，例句（2）是因果複句，二者使用的都是關聯標記 n³¹na⁵⁵。

傈僳語[17]：

（3） sɿ³⁵ dʑɿ³³ tɯ⁴⁴ mi³¹ ma⁴⁴ dʑi³³ dʑi³³ ʒe³³ ua⁴⁴ t sɿ⁴⁴ pɯ⁵⁵ do⁴⁴ ， tsɯ³⁵ tsheɛ³¹ tʃua⁴⁴

　　　樹　　 種 事（助） 好好　做 得 使 為了　　政策　　根據

　　　tʃua⁴⁴ dʑi³³ dʑi³³ tʃho⁴⁴ se³¹.

　　　好好　　 跟　 還

　　　為了把植樹搞好，還要好好按照政策辦。

（4） go³³ thi³¹ xua³⁵ ma⁴⁴ pɯ⁵⁵ do⁴⁴ ， ŋua³³ ʒɛ⁵⁵ t sɿ⁴⁴ tɛ⁵⁵　　sɯ⁵⁵　ŋu³³.

　　　那 一次（助）　　因為 我 她 姐（助）認識 了

　　　因為那一次，我認識了她姐姐。

例句（3）是目的複句，例句（4）是因果複句，它們使用的都是關聯

標記 pɯ⁵⁵do⁴⁴。

拉祜語〔18〕：

（5）la⁵³xu¹¹li²¹mɛ⁵⁴tha⁵³mɛ⁵⁴mɯ³⁵mɯ³⁵ɯ³¹la³³mɣ³³la³³tɣ³¹ve³³pa³³tɔ³³，

　　　拉祜文　　　　化　快　快發展來（助）　　　（原因）

　　　la⁵³xu¹¹li²¹tha²¹ɣa⁵³the²¹ɣa⁵³na³³ma¹¹ve³³zɛ⁵³ve³³zu³¹.

　　　拉祜文　（助）努力　教用　　（助）

　　　加緊推行拉祜文是為了使拉祜族文化儘快得到發展。

（6）tsa³¹thɔ⁵³tse⁵³tsa³¹xɣ³³qha⁵³xɣ³³da²¹ve³³pa³³tɔ³³，ɔ³¹va³¹ba²¹

　　　扎妥　　牲畜　　善　　養（助）因為　　　萬元

　　　tsɔ³¹ve³³ɔ³¹ɣu²¹phɛ²¹se³¹ve³³zu³¹.

　　　有（助）戶　成　　（助）

　　　因為扎妥善於飼養牲畜，所以成了萬元戶。

　　例句（5）是目的複句，例句（6）是因果複句，二者都使用關聯標記 pa³³tɔ³³。

　　藏緬語的這些兼表目的和因果的關聯標記說明因果關係和目的關係之間存在一定連繫。目的複句更強調主觀因素，因果複句更強調客觀因素，二者都會造成一定的結果。藏緬語一些語言如不對主客觀因素作區分，更多地關注結果的話，就會使用一種標記表示這兩種邏輯關係。

◗ **參考文獻** ──

〔1〕孫宏開.羌語簡志〔M〕.北京：民族出版社，2009.

〔2〕孫宏開等.中國的語言〔M〕.北京：商務印書館，2007.

〔3〕周毛草.瑪曲藏語研究〔M〕.北京：民族出版社，2004.

〔4〕龔群虎.扎巴語研究〔M〕.北京：民族出版社，2007.

〔5〕戴慶廈.泰國阿卡語研究〔M〕.北京：中國社會科學出版社，2009.

〔6〕李大勤.格曼語研究〔M〕.北京：民族出版社，2002.

〔7〕李春風.邦朵拉祜語參考語法〔M〕.北京：中國社會科學出版社，
2014.

〔8〕陸紹尊.錯那門巴語簡志〔M〕.北京：民族出版社，1986.

〔9〕林向榮.嘉戎語研究〔M〕.成都：四川民族出版社，1993.

〔10〕戴慶廈，李潔.勒期語研究〔M〕.北京：中央民族大學出版社，2007.

〔11〕趙敏，朱茂雲.墨江哈尼族卡多話參考語法〔M〕.北京：中國社會科
學出版社，2011.

〔12〕戴慶廈，等.西摩洛語研究〔M〕.北京：民族出版社，2009.

〔13〕朱豔華，勒排早扎.遮放載瓦語參考語法〔M〕.北京：中國社會科學
出版社，2013.

〔14〕常俊之.元江苦聰話參考語法〔M〕.北京：中國社會科學出版社，
2011.

〔15〕邢福義.漢語複句研究〔M〕.北京：商務印書館，2001.

〔16〕呂叔湘.中國文法要略〔M〕.北京：商務印書館，1982.

〔17〕徐琳，木玉璋，蓋興之.傈僳語簡志〔M〕.北京：民族出版社，
2009.

〔18〕常竑恩.拉祜語簡志〔M〕.北京：民族出版社，1986.

德昂族的語言活力及其成因
——以德宏州三臺山鄉允欠三組語言使用情況為例

余成林

一、基本情況

德昂族，原稱「崩龍」，是雲南歷史最悠久的民族之一。早在新石器時代，他們的先民就生活在滇西、滇南這塊土地上，史學界多認為他們是商周時期百濮族群（或稱為雲南濮人）的一部分。唐宋時期被稱為「樸子」「茫人」，元明時期被稱為「金齒」「蒲人」。

「德昂」作為一個獨立的民族，在中國史籍上出現較晚。清代《乾隆東華錄》、王昶《征緬紀聞》及光緒《永昌府志》諸書都有「崩龍」的記載。景頗、阿昌族稱他們為「崩龍」，傣族稱他們為「崩龍」、「碧利」（別列）、「滾彎」（山上人）或「傣彎」（山上的傣族），漢族通稱他們為「崩龍」，並按其不同支系婦女裙子的花紋分別稱他們為「紅崩龍」「花崩龍」「黑崩龍」等，新中國成立後民族識別時沿用了這個名稱。但由於清代後期，「崩龍」一詞在個別民族語言中含有貶義，根據本民族意願，並報請國務院批准，自一九八五年九月起，將「崩龍族」正式更名為「德昂族」。「昂」是本民族的自稱。居住在德宏地區的德昂族自稱「德昂」，居住在鎮康、耿馬等縣的則自稱「尼昂」或「納昂」。「昂」在德昂語裡，有「崖洞」和「山崖」的意思。以「昂」為民族族

稱，是對先民居住岩洞歷史的紀念，「德」是對本民族的尊稱。[1]

德昂族是個跨境而居的民族，大部分人口住在鄰邦緬甸境內，據調查有二十餘萬。毗鄰德宏傣族景頗族自治州的密支那、昔董、八莫、摸谷、孟密，瑞麗江外的果塘、當拜、西保、臘戍、南登尼，以及臨滄市邊外的葛魯和滾弄的果敢等地區都有德昂族的人口居住。在緬甸至今仍然沿用「崩龍」這一族稱。緬甸德昂人於一九七二年在緬文、傣文的基礎上創制了德昂文字，現已得到普遍推廣和使用。

中國德昂族有一點七九萬人（2000 年第五次人口普查），是雲南七個人口較少民族之一，也是全國二十二個人口較少民族之一，他們分布在雲南省西南部高黎貢山和怒山山脈南端，瀾滄江以西，怒江兩岸的潞西、鎮康、保山、瑞麗、隴川、耿馬、梁河、瀾滄、永德和盈江等縣。潞西市的三臺山德昂族鄉和軍寨佤族拉祜族傈僳族德昂族鄉，是他們居住比較集中的地區。[1]現有一點四一萬人聚居在德宏州。德宏傣族景頗族自治州潞西市三台山鄉作為全國唯一的德昂族鄉，其區域內德昂族人口占全鄉總人口的百分之五十九點二，占全市德昂族總人口數的百分之三十九點七。允欠三組地處雲南省德宏州芒市三台山鄉西邊，是三台山鄉允欠村所轄的六個小組之一，距鄉政府所在地九千米。全組共二十八戶，一二八人。除了嫁進來的媳婦和招進來的女婿十四人（其中，景頗族九人、漢族四人、彝族一人）以外，小組內其他居民全部是德昂人，屬於德昂族聚居的寨子。二〇〇二年，在國家惠農政策的幫助下，允欠三組從生存環境惡劣的大山頭搬遷至 320 國道邊。

　　德昂語屬於南亞語系夢高棉語族佤德昂語支。雖然中國德昂族的人口不多，但大都聚寨而居。因此，在一定範圍內存在著使用和傳承本民族語言的條件。歷史上，德昂族與傣、景頗、佤、阿昌、漢等民族交往密切，不同地區的德昂族年輕人，一般都通曉周圍其他民族的語言，有的甚至懂幾種語言，其中以懂傣語的人數為多。新中國成立以後，德昂族在政治、經濟、文化等方面與漢族的連繫日益增多，社會交往也更加頻繁，因而德昂族中懂漢語、識漢字的人不斷增加。德昂族居住地域較廣、支系較多，語言上形成了各自的方言。德昂語方言的差異主要表現在語音上，其次是詞彙，語法則基本相同。根據語音的差異，德昂語分為布雷、汝買和梁三種方言。德昂語是允欠三組組內的主要交際用語，人們聊天、生產勞動以及開會、廣播都用德昂語。漢語是組外的主要交際用語。允欠三組德昂語屬於汝買方言。

二、德昂族語言活力的特點及表現

　　「語言活力（language vitality）又稱語言的生命力，是指一個個具體語言在使用中所具有的功能。不同的語言，由於社會、歷史、文化等制約條件的不同，以及語言本身特點的不同，其具有的功能也不相同。語言活力包括語言使用人口的多少、範圍的大小、使用頻率的高低、適應社會需要的程度等。」[2] 對於一個民族來說，掌握和使用其母語的能力和範圍是其語言活力的一個重要的方面，也包括其掌握和使用其他語言的活力。對於一個人口在全國僅有一點七九萬人、在德宏也才一點四一萬人、在全國唯一的德昂族鄉——三臺山鄉僅有三千八百人左右的德昂族來說，其母語

的保留程度如何？其語言使用現狀又如何？其有什麼樣的語言活力呢？我們抽樣調查了允欠三組二十八戶中的二十三戶一〇五人的語言能力及其使用情況（包括嫁進來的媳婦和招進來的女婿十人、五歲以下的兒童五人），並對其中的九十位德昂人的語言使用情況進行了統計分析，發現德昂人不僅能夠熟練地使用自己的母語——德昂語，而且全部能夠不同程度地兼用漢語，有超過半數的德昂人不同程度地兼用景頗族支系語言——載瓦語和浪速語，其比例分別為 53.4%、46.6%，另外還有部分德昂人不同程度地掌握了勒期語、波拉語和傣語，其比例分別為 13.3%、13.4% 和 7.77%。從而形成「德昂—漢」的雙語類型或「德昂—漢—景頗／傣」的多語類型。下面是我們對所調查的六歲以上具有完全語言能力的九十位德昂人的語言能力及其使用情況的統計分析。

1. 德昂人幾乎全部能夠熟練地掌握自己的母語

我們調查發現，允欠三組的德昂人不管是老人，還是小孩，幾乎都能夠熟練地掌握德昂語。統計資料如表 1 所示。

表 1　德昂人的母語熟練程度

年齡段（歲）	人數	熟練		略懂		不懂	
		人數	百分比（%）	人數	百分比（%）	人數	百分比（%）
6-19	21	20	95.2	1	4.8	0	0
20-39	37	37	100	0	0	0	0
40-59	23	23	100	0	0	0	0
60 以上	9	9	100	0	0	0	0
合計	90	89	98.9	1	1.1	0	0

　　由表1可以看出：二十歲以上的德昂人全部都能夠熟練地掌握自己的母語德昂語，只有一名十九歲以下的德昂人德昂語水準為略懂，占所調查人數的百分之四點八。原因是年僅十歲的李岩興從小跟隨母親學習和使用載瓦語，德昂語為其第二語言。

　　不僅德昂人能夠掌握自己的母語，嫁到允欠三組的外族媳婦或招進來的外族女婿經過一段時間之後，也都不同程度地掌握了德昂語，使德昂語的使用範圍不斷擴大。統計資料如表2所示。

表2　允欠三組的外族人德昂語熟練程度

年齡段（歲）	人數	熟練人數	略懂人數	不懂人數
20-39	7	2	2	3
40-59	3	3	0	0
合計	10	5	2	3

　　在所調查的十位嫁進來的媳婦或招進來的女婿中，有五位到允欠三組時間比較長的村民已經能夠熟練地掌握德昂語，另有二位略懂德昂語和三位不懂德昂語，是因為到德昂族家庭時間不長。在調查中，他們都說：「平時就和德昂人生活在一起，聽到的都是德昂語，時間長了，自然就學會了德昂語。」通過耳濡目染，外族人到德昂族寨子的時間越長，他們的德昂語也越來越熟練。

2. 德昂人全部能夠不同程度地兼用漢語

　　允欠三組的德昂人除了掌握自己的母語外，全部都能兼用漢語，成為全民「德昂—漢」雙語類型。在族際通婚的家庭，夫妻之間一開始使用漢

語交流。如嫁給德昂人的趙木問，屬於景頗族勒期支系，剛結婚時，她不會德昂語，她丈夫也不會勒期語，所以他們用漢語或載瓦語交流。如果有外人到寨子裡來，一般都說漢語，走出德昂寨子，如果不了解對方是哪個民族，一般也用漢語交流。漢語在德昂人的生活中有著重要的作用。統計資料如表 3 所示。

表 3　允欠三組的德昂人漢語熟練程度

年齡段（歲）	人數	熟練		略懂		不懂	
		人數	百分比（%）	人數	百分比（%）	人數	百分比（%）
6-19	21	21	100	0	0	0	0
20-39	37	36	97.3	1	2.7	0	0
40-59	23	21	91.3	2	8.7	0	0
60 以上	9	8	88.9	1	11.1	0	0
合計	90	86	95.6	4	4	0	0

由表 3 可以看出：百分之九十五點六的德昂人能夠熟練地掌握漢語，只有百分之四點四的德昂人略懂漢語。從年齡段來看，德昂人熟練兼用漢語的比例隨年齡段的減小呈遞增趨勢，略懂漢語的比例則隨年齡的減小呈遞減趨勢。因為在德昂村寨，隨著改革開放和社會主義市場經濟的健康發展，德昂人不僅能夠接受到學校教育，而且他們走出德昂村寨的機會越來越多，了解外邊的情況也越來越容易，再加上廣播、電視等傳播媒體的普及，德昂人學習漢語的機會也越來越多，其漢語水準也越來越高。

3. 有相當一部分德昂人還兼用景頗族語言

在允欠村所轄的六個小組中，除了允欠三組是德昂族寨子，另外的允

欠一組、二組和幫弄、拱嶺、下芒崗等五個小組都是景頗族寨子。這些景頗族寨子，分別屬於景頗族的浪速、波拉、載瓦、勒期等支系。在允欠三組還有從景頗族不同支系嫁過來的媳婦或者招進來的女婿九人，這就為德昂人學習景頗族各支系語言提供了很大的方便，形成「德昂—漢—景頗」的多語類型。統計資料如表4所示。

表4　允欠三組的德昂人景頗族語言熟練程度

景頗族語言	熟練		略懂		不懂	
	人數	百分比（%）	人數	百分比（%）	人數	百分比（%）
載瓦語	23	25.6	25	27.8	42	46.6
浪速語	21	23.3	21	23.3	48	53.4
勒期語	10	11.1	2	2.2	78	86.7
波拉語	6	6.7	6	6.7	78	86.7

　　由表4可以看出：在所調查的九十位德昂人中，能夠熟練掌握載瓦語、浪速語、勒期語、波拉語的比例分別為25.6%、23.3%、11.1%、6.7%，略懂載瓦語、浪速語、勒期語、波拉語的比例分別為27.8%、23.3%、2.2%、6.7%。尤其是能夠熟練掌握和略懂載瓦語、浪速語的比例分別占了53.4%和46.6%，這樣的比例說明德昂人有很強的掌握外族語言的能力。

4. 還有少部分德昂人不同程度地掌握了傣語

　　三台山鄉是德昂族自治鄉，德昂族人占全鄉人口的百分之五十九點二，漢族人占全鄉人口的百分之二十三，景頗族人占全鄉人口的百分之十七點八，其他民族人口很少。但德宏是傣族景頗族自治州，在三台山鄉

周圍的其他幾個鄉鎮也都有傣族居民，在平時的生活中，有部分德昂族人在與當地傣族人接觸的過程中，不同程度地學習了傣語，從而形成「德昂—漢—景頗／傣」多語類型。統計資料如表 5 所示。

表 5　三台山鄉的德昂人傣語熟練程度

景頗族語言	人數	熟練		略懂		不懂	
		人數	百分比（%）	人數	百分比（%）	人數	百分比（%）
傣語	90	4	4.44	3	3.33	83	92.22

由表 5 可以看出：在與周圍其他鄉鎮的傣族人接觸過程中，允欠三組德昂人中有四人能夠熟練地掌握傣語，占調查人數的百分之四點四四，另有三人略懂傣語，占調查人數的百分之三點三三。這說明，德昂族有很強的語言學習能力，只要能夠接觸到不同的語言，慢慢地就能夠學會該語言，體現了德昂族旺盛的語言活力。

三、德昂族語言活力的成因

在允欠三組，德昂人不僅能夠全民熟練地掌握自己的母語，還能夠全部兼用漢語，有一部分人還能夠不同程度地兼用景頗族各支系語言以及傣語，成了名副其實的全民雙語人甚至部分多語人，形成「德昂—漢」的雙語類型或「德昂—漢—景頗／傣」的多語類型，反映了德昂族語言很有活力。那麼，作為一個在全國範圍內人口較少的民族，是什麼原因促使德昂族有這樣的語言活力？是什麼動力促使他們成為全民多語人？對此，我們在調查的基礎上做了如下分析。

1. 國家語言政策是德昂族語言活力的保障

《中華人民共和國憲法》所規定的「各民族都有使用和發展本民族語言文字的自由」的政策，從根本上保障了各少數民族都可以根據自己的條件和意願使用和發展本民族的語言和文字，體現了中國民族平等、語言平等的原則。各民族不分大小，對自己的語言如何使用、如何發展都有自己的選擇權，其他人不能干涉，更不能歧視。政府對各民族使用和發展自己語言的權利，一律予以保障，根據各民族的意願說明他們使用和發展自己的語言。[3] 德昂族雖然人口較少，但同其他少數民族一樣享有國家民族語言政策所賦予的權利，他們不僅可以使用自己的德昂語，而且可以自由地學習、使用其他民族的語言。在允欠三組，我們看到，不管是老人還是小孩，也不管是族內婚姻家庭還是族際婚姻家庭，各民族都能隨心所欲地使用自己的語言，不會受到別人的阻攔和干涉。他們還可以根據自己的意願選擇兼用語言，協調個人的語言生活。在族內婚姻家庭，他們一般使用德昂語、漢語；在族際婚姻家庭，他們一般使用德昂語、漢語和其他民族語。在調查中，村民趙木問（嫁到允欠三組的景頗族勒期支系人）告訴我們：「結婚前，我不會德昂語，我老伴也不會勒期語，我們開始交流的時候用漢語和載瓦語。後來我對他說勒期語，他對我說德昂語，自己說自己的，都能聽明白。也有時候互相說對方的話。那時候我們更多的是說勒期語，現在已經是想說哪一種語言就說哪一種語言。總體來說，在家勒期話說的還是更多一些。」像這樣的例子在允欠三組還有很多。

2. 對自己母語的深厚感情是德昂族保持語言活力的關鍵

德昂人都是聚居在比較集中的村寨，德昂語的保留和使用有其有利的

語言環境和地理優勢。德昂語不僅是允欠三組最重要的交際工具，還是當地德昂人傳承民族心理、民族習慣、民族文化、民族感情的重要載體。德昂人對自己的民族語言有著深厚的感情。他們把德昂語與德昂族的身分緊密連繫在一起，認為語言是一個民族的重要標誌之一，作為德昂人就必須掌握自己民族的語言，只有把語言傳承下去才能真正保護、傳承德昂族的優良文化傳統。最具代表性的例子就是他們把德昂族的傳統節日「潑水節」（原來和傣族的「潑水節」同名）改為「澆花節」，更體現德昂族悠久的歷史文化傳統和本民族特點。所以，在所調查的允欠三組九十位德昂人中，有百分之九十五點二能夠熟練地掌握自己的母語。通過我們對不同對象的調查，他們都一致認為不用擔心自己的母語問題，因為孩子從小就開始學習自己的母語——德昂語。正如村民趙木問所說：「我不擔心孩子不會說民族語，因為孩子們放學回家就又可以說民族語了。」副組長王臘年也告訴我們：「組裡小孩子都會自己的母語德昂語，不用擔心德昂語衰退的問題。」

3. 地緣優勢是德昂族保持語言活力的客觀動力

德昂族人絕大多數居住在海拔八百至一千五百米的山區或半山區，與景頗、漢、阿昌、佤、布朗等民族分寨而居；極少數居住在平原地區，與傣、漢族分寨而居或同寨雜居。由於地處偏遠的山區，不通路、不通電、不通水，他們很少走出村寨，主要過著日出而作日落而息的簡單生活，基本上是在本寨和本民族交流，這就有利於自己母語的保存。又由於和其他民族山河相連，田地相接，在勞動和趕場過程中，彼此之間也不斷地接觸，耳濡目染，慢慢地學會了其他民族的語言。尤其是國家對少數民族政

策的扶持，使得各民族之間的交往日趨頻繁，彼此學習對方語言的機會更多。這些都促進了德昂族語言活力的發展。

4. 和諧的民族關係是德昂族保持語言活力的前提

語言是民族的一個重要特徵，與民族意識、民族感情密切相關。民族關係直接影響到語言關係。民族關係好，語言關係也好；反之，民族關係不好，語言關係也會受到消極的影響。和諧的民族關係是構建語言和諧的前提條件。

德昂族不僅族內通婚，還和其他民族通婚，主要是附近村寨之間通婚。在允欠三組，總共二十八戶一二八人，由其他民族嫁進來的媳婦和招進來的女婿就有十四人，這就為彼此學習語言提供了很大的方便。如趙木問一家就是這樣的族際婚姻家庭。她丈夫是德昂人，她是景頗族勒期支系人，兒媳婦是景頗族景頗支系人。正是因為有和諧的民族關係，才會有這樣的族際婚姻家庭，有了這樣的族際婚姻家庭，自然就會彼此學會對方的語言。三臺山鄉黨委書記線加強（德昂族）告訴我們：「在我們這裡，首先是各民族之間是你中有我，我中有你，你幫我，我幫你，大家互相幫助，互相關心。就像我二〇〇五年在全國做巡迴報告時所舉的例子：一是我們無論哪一座山起火了，附近的村民從來不問是哪家的，都去撲火，撲完各回各家；二是我們這裡各民族相互通婚的很多，彼此都是親戚，都是一家人；三是我們這裡各民族的宗教信仰雖然不同，但各個民族之間從來不相互干預，德昂族過潑水節，漢族及其他民族都穿民族服裝，共同祝願美好幸福。景頗族過目腦節，我們德昂族也穿民族服裝，共同慶祝；四是我們從來沒有過民族與民族之間的鬥毆事件，沒有任何矛盾糾紛。這四個

方面是我們民族大團結的標誌，也是積極回應黨中央提出的民族大團結、民族和諧的口號。」和諧的民族關係、融洽的民族大家庭為互相學習對方的語言提供了有利的語言環境。

5. 開放包容的語言態度是德昂族保持語言活力的基礎

德昂人對語言的兼用持開放包容的態度。他們熱愛自己的母語，認為母語是祖宗的語言不能忘記，不能丟失，但也認同別的民族語言，認為只有掌握別的民族語言才能更好地與其他民族交流溝通。所以德昂族除了使用母語外，還兼用漢語、載瓦語、勒期語、浪速語、波拉語、傣語等多種語言。他們認為需要使用哪種語言就學習哪種語言，多掌握一種語言，就等於多了一門技能，多了一條走進那個民族的路徑。

在允欠三組，幾乎所有人都能夠熟練掌握兩種語言（德昂語、漢語），還有一些人能夠熟練掌握三四種語言。也就是說，在允欠三組，會三四種語言的多語人很普遍。經調查，在允欠三組，能夠熟練掌握四種以上語言的人數占全組人數的百分之二十六點七，占了全組人數的四分之一以上，甚至有的能夠熟練地掌握五六種語言。如嫁到允欠三組的現年四十九歲的景頗族浪速支系人明道內，不僅她能夠熟練地掌握載瓦、浪速、勒期、波拉、德昂和漢語等六種語言，其兒子賴岩恩、女兒賴玉果和賴玉剛也都能夠熟練地掌握載瓦、浪速、勒期、波拉、德昂和漢語等語言。以明道內的語言態度為例，她認為在母語和漢語之間，漢語更重要，因為漢語是通用語，人人都會說，如果不說就沒法生存和發展。但當問及她教孩子的第一語言是什麼語言時，她則認為一定要教本族母語。明道內對漢語的包容態度和對本族語的維護，說明語言之間不一定全是競爭關

係，而是可以和諧共處，共同發展的。

6. 九年制義務教育的普及是德昂族保持語言活力的催化劑

漢語是全國的通用語，德昂人不管是趕場還是出外學習、打工，都必須使用漢語。九年義務教育對青少年學習漢語發揮了至關重要的作用。小組的德昂人，一般在上小學之前基本不懂漢語，或者只懂一點漢語，漢語是進入幼稚園和小學之後學會的。現在小組的孩子從幼稚園開始都到三臺山鄉完全小學寄宿學習，學習漢語已有了更好的條件，他們的漢語水準將會有進一步的提高。

漢語能力的訓練可以分為「聽」「說」「讀」「寫」四個方面。經過在三臺山鄉完全小學的漢語學習和訓練，德昂族兒童漢語的「聽」和「說」能力得到了較大提升，能熟練地使用漢語進行口語交際，漢語的口語和書面語能力都得到提升。九年義務教育對德昂族語言活力的促進，已經在青少年的語言生活中得到顯現。雖然老、中、青三個年齡段的德昂族都兼用漢語，但他們的漢語水準以及使用漢語的頻率和意願不同。與中老年人相比，青少年的漢語水準最高，使用漢語的頻率也最高，使用漢語的意願也最強，因為他們走出去和外界接觸的機會也最多。九年義務教育為德昂族青少年熟練掌握漢語、走出去和外界接觸提供了重要的保障。

7. 社會進步、經濟發展是促進德昂族語言活力的動力

語言是為社會生活服務的，有什麼形式的社會生活，就需要什麼形式的語言生活，語言生活隨著社會生活的發展而發展。

二〇〇二年，在國家惠農政策的幫助下，允欠三組從生存環境惡劣的

大山頭搬遷至 320 國道邊。二〇〇三年，允欠三組又作為省級「興邊富民示範點」全面啟動新農村建設。為了更好地適應現代化的發展，學會更多的現代化技術，就應促使他們掌握更多的語言。他們根據自己的交際需要，妥善地協調不同語言的使用，使這些語言在他們的語言生活中各司其職、各盡所能、和諧共存、互相補充。就像村民趙木問所說：「年輕人喜歡學什麼語言就學什麼，掌握的語言越多越好。這樣出去讀書、找工作、做事情，無論在哪裡都可以跟人溝通。最好的就是見到哪個民族的人就說哪個民族的話。」三臺山鄉黨委書記線加強（德昂族）告訴我們：「語言也是一種民族文化傳承，但是，語言傳承的問題是到底應該怎麼保護，我想這是個很複雜的問題。比如說，我們到北京，說德昂語行不行？不行。要別人知道你，了解你，就要說別人的語言。所以，德昂族能夠說各種語言，就是為了生存。」正是在社會進步、經濟發展的時代，才會有這樣的語言態度，才使人口較少的德昂族能夠不斷地學習別的民族的語言，才使他們能夠不斷地成為多語人。

四、結論

第一， 德昂族不管男女老幼都能很好地保存並使用自己的母語——德昂語，說明德昂語有著旺盛的生命力，不會出現衰變的情況。

第二，德昂族全民兼用漢語，有一部分人還能夠不同程度地兼用景頗族各支系語言以及傣語，形成「德昂—漢」的雙語類型或「德昂—漢—景頗／傣」的多語類型，反映德昂族語言活力的強勁勢頭。

第三，德昂族的母語越來越穩固，其漢語水準也越來越好，民族語和漢語和諧發展，互補共存，表現出良好的民族關係和語言關係。

第四，德昂族的語言活力反映出人口較少民族在經濟高速發展的關鍵時期，既能深刻認識保存並傳承本民族語言的重要性，更明白不斷接受和吸收外來語言文化的迫切性。通過二者的有機融合，促進本民族各個方面的健康發展，最終實現本民族的興旺繁榮。

第五，德昂族的語言使用現狀，說明和諧的語言生活是自然形成的，該民族的主觀意願和主觀情感在促進該民族多語生活的良性發展的過程中起關鍵作用。

◖ 參考文獻

〔1〕德昂族簡史編寫組，德昂族簡史修訂本編寫組.德昂族簡史〔M〕.北京：民族出版社，2008.

〔2〕戴慶廈，田靜.瀕危語言的語言活力——仙仁土家語個案研究之二〔M〕//戴慶廈.藏緬語族語言研究（四）.北京：中央民族大學出版社，2006.

（原載於《黔南民族師範學院學報》2013 年第 2 期）

下南鄉毛南族穩定使用毛南語的成因探析

張景霓　李勝蘭

中國是一個民族文化多元化的國家，其中五三個少數民族約六千萬人都有自己的語言，二十二個少數民族約三千萬人在使用著二十八種本民族的文字。少數民族語言是少數民族的重要交際工具，也是民族文化的載體、民族情感的紐帶，更是國家寶貴的非物質文化資源。但隨著全球化、工業化和城市化的深入發展，中國一些弱勢少數民族語言的傳承面臨著巨大挑戰，不少民族的語言已成為瀕危語言。因此從落實少數民族權利和保護文化多樣性的角度出發，我們必須加強對瀕危語言的研究，特別是要切實加強對瀕危語言有效保護措施的探索。

半個多世紀以來，環江毛南族自治縣下南鄉的通用語毛南語在強勢語言漢語和次強勢語言壯語的衝擊下已經出現衰退的跡象。但是，目前毛南語仍然是下南鄉毛南族內部最主要的交際語言。筆者通過實地調查研究，發現毛南語在下南鄉得以傳承和發揚的主觀原因是毛南族群眾的母語習得和母語意識、強烈的宗族意識及宗教儀式凝聚產生的高度民族自豪感，客觀原因是大雜居小聚居的族群高度聚居特點和經濟模式以及國家少數民族語言政策，這種大雜居小聚居帶來的相對封閉和保守的語言生態環境有利於毛南語在相對封閉的系統裡傳承延續。

一、族群高度聚居是毛南語穩定使用的客觀條件

民族聚居型社區對少數民族語言的保護作用提醒我們，聚居對於一種文化的產生和保存具有重要意義，尤其是在面對優勢文化的時候更是如此。[1] 下南鄉毛南族大雜居小聚居的族群高度聚居模式對毛南語的穩定使用起著非常重要的保護作用。

（一）下南鄉人口特點

下南鄉位於環江毛南族自治縣西部，全鄉總面積二七八平方千米，下轄十一個行政村，全鄉共二四三個村民小組，四六一九戶人家，耕地面積一萬六千二百畝（1 畝≈666.67 平方米），是全國唯一的毛南族聚集地，也是環江毛南族自治縣的主體民族鄉。

根據下南鄉鄉政府提供的最新人口統計資料，全鄉總人口為一九三〇七人，其中壯族一二三人，漢族二十九人，苗族二人，瑤族四人，布依族二人，水族二人，侗族二人，其餘的人都是毛南族，毛南族占全鄉總人口的百分之九十九[1]，這種高度聚居的居住狀態，為毛南語的傳承提供了重要保障。

（二）下南鄉的人口分布

從下南鄉人口的分布來看，毛南族的分布呈現出高度聚居的狀態。下南鄉有十一個行政村，其中八個村全為毛南族，其他三個村的毛南族人口

1　來自於下南毛南族鄉志（內部資料），2007 年。

占比也都超過了百分之九十九，最低為百分之九十九點三，平均比例高達百分之九十九點六。也就是說，毛南族在下南鄉的人口分布具有高度聚居的特點。

（三）新情況對下南鄉人口分布的影響

隨著社會經濟的發展，族際婚姻有逐漸增多的趨勢，但族際婚姻的存在沒有改變下南鄉毛南族人口分布的高度聚居性。在十一個行政村的五五二六戶家庭中，族際婚姻家庭數是二三八戶，所占的比例為百分之四點三。下南社區屬於商貿活動比較頻繁，各方面交流比較多的村，因此族際婚姻家庭是最多的，占到了百分之五，族際婚姻家庭占比最小的是玉環村，只有百分之一點五。整個下南鄉，只有四個村有非毛南族家庭，而且在全鄉非毛南族家庭只有五戶，對全鄉的影響幾乎可以忽略不計。從這些資料可以看到，一方面是族際婚姻家庭較少，對毛南族聚居的總體格局影響不大；另一方面是族際婚姻家庭分布上呈分散狀態，嫁入（入贅）的外族人在生活、勞動中每天所接觸的都是毛南族人，大部分經過幾年的毛南語語言環境的薰陶，都能說一口流利的毛南語；少數不能說的也能聽懂一些，並且很快就能融入到毛南族社會中，成為毛南族大家庭中的一員。

上面的資料和事實表明，下南鄉的毛南族人口分布具有高度聚居的特點，族際婚姻和非毛南族家庭沒有對此產生根本影響。下南鄉雖還有少量壯、漢、苗、瑤等其他民族人口居住，但由於毛南族人口在全鄉中占絕對優勢，在民族關係中處於主導地位或優勢地位，這種民族關係是毛南語成為該地區通用語的重要條件。[2]「大多處於散居和雜居狀態的民族，受其

他語言影響和侵蝕，明顯呈衰變狀態。」[3] 族群高度聚居創造了一個本族群文化、語言、傳統的循環圈子和封閉環境，使得社區居民得以在本族群文化氛圍內成長，接受潛移默化的影響[1]，這為毛南族人提供了使用母語的廣闊空間，是毛南語能夠長期完整留存下來的客觀條件。

二、母語習得和母語意識是毛南語穩定使用的先決條件

家庭是母語傳承的重要堡壘，語言的延續依賴家庭成員間的潛移默化的影響和精心教育，尤其是對下南鄉的毛南語來說，它的傳承很大程度上是依賴母語習得和家庭語言環境的影響。

（一）母語習得的先天環境

毛南族人重視本民族語言的傳承。在下南鄉，家庭一直是毛南語使用最充分、最頻繁的場所。毛南族的家長們讓孩子從小就說毛南語。我們於二○一一年十一月到下南鄉實地考察，看到那裡的毛南族家庭全都使用毛南語交際，一家男女老少都會說毛南語，鄉里的青少年也幾乎全都會說毛南語。毛南語是下南鄉的通用語。在村裡，居民交談用毛南語；集市貿易中使用的語言主要也是毛南語，間或夾雜壯語或漢語；村裡開會時也用毛南語，只是在傳達文件時用漢語（桂柳話，下同）[2]，鄉里的幹部正式開會時說漢語，但在會下交談仍用毛南語[1]。

---

1 下南鄉波川村村委副主任譚合教（53 歲）告訴我們：「無論是在家裡、集市還是參加民俗活動時，我們主要是講毛南話，只有在傳達文件或遇到別人聽不懂毛南話的情況下，才改用其他語言。」

　　毛南語是學生使用最普遍的交流語言。在下南鄉的中小學，學生們上課時用普通話，課後，同學之間、師生之間交流都用毛南語。根據我們對下南鄉毛南語中心區四個年齡段居民進行的毛南語五百詞水準測試，我們發現毛南語的傳承是非常穩定的。二十八歲以上的十名被調查對象全都能夠熟練使用毛南語，他們的毛南語詞彙 A 級和 B 級合起來都達到了百分之九十以上。我們對鄉中心小學一年級和下南中學初中三年級的毛南族學生進行了母語能力測試，結論是他們也都能說較完整的毛南語。[2] 九至十一歲的學齡兒童的毛南語詞彙掌握程度也比較樂觀，在接受調查的六名九至 十一歲的學齡兒童中，有四名學齡兒童的毛南語詞彙 A 級和 B 級合起來都達到了百分之六十以上。總體來說，毛南語在不同年齡段中都在穩定使用。近二十年以來，雖然家庭內部的漢語教育受到重視，出現了一些以漢語為第一語言的少年兒童，但是大多數家庭內部的用語依然是毛南語，或以毛南語為主。下南鄉宿邦村譚蘄（12 歲），現在下南鄉中心小學讀六年級，他說：「雖然我媽媽是壯族，我也學會了壯語和普通話，但是我平常基本都是用毛南語和家人、鄰居、同學交談，因為村裡人都說毛南語，我媽媽也學會了。在學校，除上課用普通話之外，課間都是用毛南語和老師、同學交流的。」

　　良好的母語環境是毛南語能夠順利實現代際語言傳承的重要保證，通用語的交際地位又使得毛南語的穩定使用在日常溝通中得到強化和保持，這兩者無疑都有利於毛南語的穩定使用。

（二）母語意識的社會強化

毛南族人民認為不說毛南語是件羞恥的事，會被人看不起。毛南族人對於使用自己的母語進行交際有一種親切感與認同感，因此，他們不管是大人還是小孩，不管是有知識的文化人還是沒上過幾年學的農民，都願意說本民族的語言。下南鄉波川村譚琴培（15 歲），現就讀於下南中學，她說：「我們學校百分之八十以上的同學都是毛南族，和本民族同學說自己的母語毛南語使我覺得非常親切。」

下南鄉毛南族的母語意識還表現在：即使是走出下南鄉，去外地打工或讀書的下南鄉毛南族人，依然堅持說毛南語。下南鄉下南社區的村民譚海棠（29 歲），十歲以前在下南生活，後來一直在外讀書，還曾在廣東惠州當兵，退役後在環江縣城工作，只有逢年過節才回老家，但回家後還是會講毛南語，因為家裡的老人只會講毛南話，用毛南語交流起來比較方便。他認為外出工作的人回家不講毛南話有點忘本，會顯得有些另類和做作。

同時，外出上高中、大學的毛南族學生仍然有著強烈的母語意識，對自己的母語毛南語有著深厚的感情。據下南鄉中心小學教師覃雪芬（28 歲）介紹，她外出讀書超過六年，由於自己的母語是毛南語，在家也是用毛南語交流，外出讀書回來後，對本民族語言沒有出現任何生疏感，這從我們對她進行的毛南語測試的結果可以看出來。

下南鄉中南村下南中心小學教師譚耀作（40 歲）說：「我的第一習得語是毛南語，雖然後來讀書時又學會了壯語、桂柳話和普通話，但平常在

與家人和鄰居交談時我還是會說毛南話，甚至在教學過程中，學生聽不懂普通話時也是用毛南語翻譯，因為學生們從小就會很熟練地用毛南語交談。我們毛南族人都認為，說壯語的毛南族人不是正宗的毛南族人。」

　　從上述事例中可以看出，母語習得和母語意識的強化作用是毛南語穩定使用的先決條件，潛移默化的語言習得和通用語的交際功能使毛南語在下南鄉得以穩定發展。

三、民族凝聚力是毛南語得以保存的主觀條件

　　民族意識是對民族身分、民族文化等方面的一種自覺認同心理。毛南族對民族身分的唯一性以及傳統文化的源遠流長充滿了自豪感，對母語的傳承、使用與發展表現出極大的關注。毛南族穩固的民族意識對毛南語的穩定使用起到了重要作用。

（一）強烈的宗族意識

　　毛南族人強烈的宗族意識體現在對於修編宗譜的極高熱情上，他們普遍認為修繕宗譜是為了弘揚先德、溝通未來、精誠團結，惠今益後的大事。[4] 凡是有些文化的家庭，都會有一個本子，專門記錄自己的家譜和族譜。家中老人去世，子女要辦的第一件事就是為死者樹碑立傳。

　　毛南族的姓氏主要有譚姓、覃姓、蒙姓、盧姓等，其中以譚姓人數最多，約占毛南族人數的八成以上，近年來，毛南族譚姓、覃姓、蒙姓等部分姓氏先後編著成了他們姓氏譜牒。以譚姓為例，譚氏宗譜從二〇〇三年

六月二十四日成立編寫委員會，到二〇〇四年十月完稿付梓，歷時十六個月，是至今毛南族姓氏編著最為完整的族譜之一。參與編著的人包括退休的政府機關領導幹部、學校教師還有農民，他們通過廣泛實地調查採訪，獲得了許多第一手資料和毛南族各村屯宗支珍藏的家譜手抄本和祖宗牌位、碑文的記載。在毛南族譚氏譜牒編著的過程中有眾多單位、毛南族同胞參與了譜牒的編寫和校對工作。

除了強烈的宗族意識外，毛南族還用祭祀儀式來連繫族人。在各家廳堂裡都會有祖宗的紀念牌，每逢節慶日或殺牲宰畜都要在牌前焚香燒紙，敬獻祭品，如圖 1 所示。毛南人即使是在外地他鄉，每逢清明節都會回家祭拜祖先。毛南族的這種穩固的宗族意識，必然會把標誌民族身分的母語放在重要位置。

圖 1　毛南族祭祀（二）強烈的文化認同感

毛南族的儺戲，把毛南族人緊密連繫在一起。毛南族儺戲肥套，源於原始宗教祭祀活動——漢中原儺，它主要體現在毛南族人民的還願儺舞，毛南語叫「肥套」[4]，如圖 2 所示。新中國成立以前，它是毛南族民間規模最大、最普遍的一種敬神祭祀活動。毛南族儺戲在其發展的過程中，曾

歷經多次坎坷。二十世紀八〇年代開始，毛南族肥套又漸漸活躍起來，特別是在二十世紀九〇年代以後有了很大的發展。現仍活躍在下南鄉的儺戲班子就有五個，可見毛南族人民對肥套有著堅定的信仰。

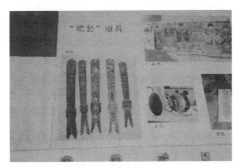

圖2　毛南族肥套

　　凝聚毛南族人的還有共同的節日文化。分龍節，是毛南族一年一度最隆重的傳統節日。毛南族人民根據自己的宗教意識，認為每年夏至後的頭一個時辰（龍）日，是水龍分開之日，水龍分開就難得風調雨順，所以要在分龍這一天祭神保禾苗，相沿而成為傳統的農業祭祀節，稱為分龍節。二十世紀之前，每年過節人們都先聚集在廟堂內外活動，故又稱為「廟節」。供奉祖先諸神之後，即請親友赴宴，共度節日。青年男女則相邀於水邊、山上山下陰涼處，對歌遊戲，約會訴衷腸，盡情歡樂。時至今日，分龍節的廟祭已經逐步廢除，家祭家宴亦逐漸簡化。但群眾性的文化娛樂活動仍然保留，多以多姿多彩的民族文藝表演等健康的內容取代了過去那種神秘的祭祀活動，目前仍然是毛南族最重要的歡慶節日。在這些節日中，毛南族人的民族歸屬感得到進一步強化，語言也得以傳承和發揚。

四、毛南族經濟模式是毛南語穩定使用的物質條件

下南鄉總面積二七八平方千米，經濟以農業為主，全鄉耕地面積為一萬六千二百畝，其中水田一〇五四五畝，旱地五六五五畝，種植作物以大米為主，玉米、黃豆次之。二〇〇七年，下南鄉農業產業結構調整取得顯著成效，地方特色經濟初具規模。在儀鳳村至波川、下南至玉環、中南至下塘三條公路旁建立了通道經濟農業綜合開發示範帶，全年農業生產總值達七〇五六萬元。堅持「以牛興鄉」的發展戰略，在確保糧食增產豐收的同時，實施以種草養牛為主的產業結構調整，在儀鳳、中南、下塘等村公路兩旁建立了五百多畝林草混交退耕還林還草的養牛示範帶。牧草面積達三千八百畝，牛存欄一〇〇一八頭，養牛業走上了產業化經營之路。另外，下南鄉桑園面積達三千二百畝，甘蔗種植面積達一千一百畝，果園面積達八六五畝。[5]

傳統農業的封閉性有利於語言的傳承。從上面的介紹我們可以看到，下南鄉的農業主要集中在傳統種植業和家庭式畜牧業兩個方面。傳統種植業主要是種植水稻，水稻是需要大量勞動力的。在下南鄉毛南族地區，現在仍然保留著「換工」的習俗。「換工」是指每年從春耕到秋收，幾家幾戶合作互助做農活，一般是男工換男工，女工換女工，不需要支付報酬只需要用豐盛的菜餚招待即可。換工不僅提高了生產效率，更促進了族民的交流和溝通，促進了語言的發展和傳承。

隨著經濟社會的發展，下南鄉的農業生產方式也有了很大的改進，但是傳統種植業和家庭式養殖業的經濟模式沒有根本轉變，這有利於保持毛南族人村落的格局和人口的穩定，也有利於毛南語的穩定使用。

五、國家少數民族語言政策是毛南語穩定使用的外在政治條件

　　中國憲法規定「各民族都有使用和發展本民族語言文字的自由」，這從根本上保障了各少數民族都可以根據自己的條件和意願使用和發展本民族的語言和文字。毛南族雖然是一個人口較少的民族，但同全國其他少數民族一樣享有國家民族語言政策所賦予的權利。自一九五四年成立毛南族自治縣以來，國家積極支持毛南族保持傳統文化、風俗、習慣以及語言，環江毛南族自治縣也大力扶持下南鄉經濟社會的發展，特別是在提幹、招工、入學等方面給予了優惠政策，這大大增強了毛南族群眾的民族自豪感和凝聚力。

　　當地政府早在新中國成立初期就在下南鄉設立了文化站和圖書館，下南鄉文化站在最近幾年得到了更多的重視和更大的發展，新建了民族民俗文物展覽室、室內娛樂活動室、民族民俗文化傳習館等。這些扶持政策和設施建設，不僅方便了毛南族群眾的文化活動，增強了毛南族群眾傳承語言文化的意識，還大大增強了毛南族群眾的民族自豪感。國家民族語言政策是毛南語穩定使用的有力保障，是半個多世紀以來毛南語能夠較完整保留下來的外在政治條件。

六、結語

　　語言是人類進化的產物，本源上也是生物多樣化的結果。[6] 少數民族語言的傳承是一個複雜多元的過程，其中牽涉到的因素頗為繁雜。我們通過從主觀、客觀兩方面來入手，分析了毛南語得以穩定使用的條件和因素，從中發現族群高度聚居是毛南語傳承的關鍵，母語習得和母語意識，

宗族意識和文化認同，經濟模式和少數民族語言政策，都要依賴族群高度聚居才能得以真正落實。張普指出一切正在使用的語言都是活著的語言，一切活著的語言都是有生命的語言，一切有生命的語言都是有生命力的，都有自己的生態環境。從這個角度來說，族群高度聚居是維繫語言傳承的紐帶，是保護瀕危語言的重要基礎，這對如何更好地保護瀕危語言具有重要的啟示意義。

參考文獻

〔1〕郝亞明.論民族居住格局對少數民族語言傳承的影響——以鄉村蒙古族為例〔J〕.學術探索，2011（2）.

〔2〕戴慶廈，張景霓.瀕危語言與衰變語言——毛南語語言活力的類型分析〔J〕.中央民族大學學報，2006（1）.

〔3〕范俊軍.中國語言生態危機的若干問題〔J〕.蘭州大學學報，2005（6）.

〔4〕毛南族簡史編寫組，毛南族簡史修訂本編寫組.毛南族簡史〔M〕.北京：民族出版社，2008.

〔5〕環江毛南族自治縣地方志編纂委員會.環江毛南族自治縣志〔M〕.南寧：廣西人民出版社，2002.

〔6〕裴競超.生態環境下的語言生態面面觀〔J〕.河南工業大學學報（社會科學版），2010（3）.

（原載於《黔南民族師範學院學報》2017年第2期）

貴州毛南語漢語四音格詞語音結構類型比較研究

周旭東

　　毛南族現指貴州省平塘縣的毛南族和廣西壯族自治區環江縣的毛南族。貴州平塘的毛南族前身叫佯僙人，一九九〇年定為毛南族，主要分布在平塘卡蒲鄉、獨山和惠水等地。截至二〇一〇年，貴州省境內共有毛南族人口二七三三二人。雖然廣西毛南族和貴州毛南族統稱為毛南族，但由於缺乏對彼此的認同，廣西毛南族認為毛南族就只是環江毛南族；平塘毛南族也自稱貴州毛南族，與廣西毛南族有別。

　　貴州毛南族有自己的語言，沒有文字，口傳心授是其傳承特點。毛南語屬於壯侗語族侗水語支，在國內，貴州毛南語（佯僙語）（以下統稱毛南語）被認定為新發現語言；在國外，毛南語已被列入瀕危語言行列。李方桂[1]、趙道文[2]、薄文澤[3]等專家對毛南語進行過系統的調查研究，但關於貴州毛南語四音格詞研究卻未涉及。

　　四音格詞研究的出現有語言研究背景。語言研究的一項重要任務就是要釐清語言的譜系分類。傳統研究普遍採用尋找同源詞和語音對應規律的方法，給漢藏語系做譜系分類。但隨著研究的深入卻出現了舉步維艱的狀況，具體表現在：一是漢藏語系分化時間十分久遠，很難理出語音變化對應的規律；二是語言的長期融合和接觸使得研究者很難區分哪些是同源詞，

哪些是借詞。於是語言學家把目光投向了語法範疇，一種語言的語音和詞彙可能較容易變化，但構詞規律卻不易變化，構詞法的研究可以為漢藏語系的譜系分類提供佐證。四音格詞研究就是在這種背景下產生的。貴州毛南語四音格詞研究可以為侗水語支的分類提供佐證，豐富語言類型理論研究。

學界對四音格詞的界定一直存在分歧，爭論焦點是四音格詞的範圍問題。本研究在前賢觀點基礎上提出：四音格詞是一種由四個音節按照一定規則組合而成的特殊詞彙單位。它有特殊的語音形式，內部結構緊密，語義概括具有描寫的特點，還具有孳乳能力，在口頭語言和書面語言中廣泛運用。

一、漢語四音格詞語音結構類型

漢語四音格詞語音結構類型可以分為如下八類。

①ABCD 型：背水一戰，虎口拔牙，三心二意，馬到成功，子丑寅卯，狡兔三窟。

②ABAC 型：妖裡妖氣，慌裡慌張，疑神疑鬼，難兄難弟，糊裡糊塗，不三不四。

③AABB 型：戰戰兢兢，妥妥帖帖，吞吞吐吐，忐忐忑忑，大大方方，坦坦蕩蕩。

④AABC 型：高高在上，冤冤相報，彬彬有禮，落落大方，滔滔不絕，姍姍來遲。

⑤ABCB 型：得過且過，將錯就錯，口服心服，騎馬找馬，將計就計，有意無意。

⑥ABCC 型：波光粼粼，薄暮冥冥，不過爾爾，不甚了了，可憐兮兮，金光燦燦。

⑦ABCA 型：精益求精，忍無可忍，防不勝防，床上安床，罪上加罪。

⑧ABAB 型：打扮打扮，清醒清醒，攪和攪和，休息休息，思考思考。

針對這八種類型的分布情況，孫豔在《漢藏語四音格詞研究》中對《現代漢語詞典》（2002 增補本）中的三三三二個四音格詞進行了分類統計，結果發現 90% 是 ABCD 型四音格詞，其他七種類型只占四音格詞總量的 10%。這就說明漢語的四音格詞語音結構類型種類較多，並且以不重疊的 ABCD 型為主。ABAC 型在重疊類型中所占比例為 4.7%，其他幾種四音格詞語音結構類型所占比例是：AABB 型占 2.4%，AABC 型占 1.3%，ABCB 型占 0.7%，ABCC 型占 0.5%，ABCA 型占 0.3%，ABAB 型占 0.1%。ABAC 型在重疊類型中佔有較高的比例。[4]

二、毛南語四音格詞語音結構類型

筆者對貴州毛南語六二七例四音格詞進行了逐項分析，統計得出語音結構類型及其分布情況。

①ABCD 型：264 例，占四音格詞總數的 42%。例如：

ma³dai³kam⁵kut⁷ 長得綠油油的

長得青油油（後附音節）

pa：i¹wə⁴tjem³tau² 歇店

去　店家　歇

kən²van²ve⁴kəŋ¹ 夜以繼日

整天　幹活

ȵɛu⁶ɤa：u⁴tha：k⁹na：i⁶ 在此

在　裡　地基　這

ʦai⁶na：i⁶pa：i1kon⁵ 從前

自　　這去　前

②ABAC 型：87 例，占四音格詞總數 13.9%。例如：

ɤa：n²wui⁵ɤa：n²na：i⁶ 左鄰右舍

家那　　　家這

poŋ⁶pu⁴poŋ⁶nəi⁴ 男男女女

群父親群母親

sje³rɛŋ²sje³rɛt¹⁰ 查帳

問帳目問（後附音節）

tək⁹kon⁵tək⁹lən² 先後

落先　　落後

ɬi³ɬin1ɬi³liɛŋ⁴ 幾斤幾兩

幾斤　　幾兩

③AABB 型：97 例，占四音格詞總數 15.5%。例如：

djen⁵ djen⁵ do¹ do¹　乾乾淨淨

乾乾　淨淨

pa：i¹ pa：i¹ taŋ¹ taŋ¹　來來去去

來　來　去　去

wat⁷ wat⁷ rɛp¹⁰ rɛp¹⁰　寬寬窄窄

寬　寬窄　窄

ra：i³ ra：i³ tjaŋ¹ tjaŋ¹　長長久久

長　長久久

ki¹ ki¹ tau³ tau³　遠遠近近

遠　遠　近　近

④ABCB 型：16 例，占四音格總數 2.6%。例如：

ȵit¹⁰ ləŋ² ȵit⁷ ləŋ²　心灰意冷

冷肚子痛肚子

təŋ¹ tɕjɛŋ¹ si¹ tɕjɛŋ¹　亂講

東講　　西講

lu⁴ la¹ lap⁷ la¹　睜一眼閉一眼

睜眼　閉眼

ŋa⁴ bəp⁷ kəm⁵ bəp⁷　開口閉口

開口　　閉口

i³ ak¹⁰ la⁶ a：k¹⁰　背崽找崽

背崽　找崽

⑤ABCC 型：24 例，占四音格詞總數 3.8%。例如：

ta³ bəp⁷ ʈhɔp⁸ ʈhɔp⁸ 吧嗒吧嗒呱嘴

打嘴吧　嗒吧嗒

təm⁶ thəm³ nəm³ nəm³ 果子酸溜溜

果子酸溜溜（後附音節）

ma¹ khəu⁵ wom⁵ wom⁵ 狗汪汪地叫

狗吠　　汪汪

va⁵ tək⁹ pro⁵ pro⁵ 葉紛紛揚揚落下

葉落紛紛揚揚

ve⁴ kɔŋ¹ ŋwa：i⁴ ŋwa：i⁴ 做事無精打采

做事無精打采

⑥ABCA 型：9 例，占四音格詞總數 1.4%。例如：

met¹⁰ ŋuk⁷ khəŋ¹ met¹⁰ 刀出鞘

刀　出　鞘

va² pha² ʔmun¹ va² 雷鳴電閃

雷鳴電閃

jiu² ʔŋa：i⁵ tei²jiu² 各人各愛

各人　各愛

ɬi² liŋ⁴ kəu³ ɬi² 齊心協力

齊心 協力

⑦ABAB 型：109 例，占四音格詞總數 17.4%。例如：

tsai⁶ tsap⁷ tsai⁶ tsap⁷　整整齊齊

齊（後綴）齊（後綴）

rem⁶ ru² rem⁶ ru²　涼颼颼

涼（後綴）涼（後綴）

ŋai² ŋɔk⁸ ŋai² ŋɔk⁸　傻乎乎

傻（後綴）傻（後綴）

ɣam² tam² ɣam² tam²　黑不隆冬

黑漆漆（後附音節）黑漆漆（後附音節）

tɔŋ² ŋut⁷ tɔŋ² ŋut⁷　相愛

同想念同想念

⑧ABBC 型：12 例，占四音格詞總數 1.9%。例如：

ra：n² wat⁷ wat⁷ wa：u¹　房子寬寬敞敞

房子寬寬敞敞（後附音節）

məi⁴ wa：ŋ² wa：ŋ² ti⁴　高高的樹

樹高高的

vən⁴ pra⁵ pra⁵ ti⁴　嘩啦啦地飄

飛嘩啦嘩啦地

ai¹ lən² lən² tsa⁵　最後面那個（人）

個後　後那

rim¹ rən¹ rən¹ na：i⁶　最上面這個（物）

個上　上這

⑨AABC 型：9 例，占四音格詞總數 1.4%。例如：

（wəm²） u⁵ u⁵ ti⁴ keu³　（風）嗚嗚地刮

（風）嗚嗚地刮

（ram⁴） swa⁴ swa⁴ ti⁴ loi¹　嘩嘩地流

（水）流貌地流

pra⁵ pra⁵ ti⁴ vɛn⁴　（vɛn⁴ pra⁵ pra⁵ ti⁴）嘩啦啦地飄

嘩啦啦地飛（或飛嘩啦嘩啦地）

毛南語四音格詞語音類型分布如表 1 所示。

表1　毛南語四音格詞語音類型分布

類型	ABCD	ABAC	AABB	ABCB	ABCC	ABCA	ABAB	ABBC	AABC
數量	264	87	97	16	24	9	109	12	9
比例	42%	13.9%	15.5%	2.6%	3.8%	1.4%	17.4%	1.9%	1.4%

　　由此，我們得出兩點認識：一是毛南語四音格詞語音結構類型可分為九種，種類多樣，這在漢藏語系中極為少見；二是以 ABCD 型為優勢結構，其次為 ABAB 型，再次是 AABB 型、ABAC 型。

三、毛南語漢語四音格詞語音結構類型比較研究

　　基於以上對漢語、毛南語四音格詞語音結構類型描述，我們通過比較（見表 2），認識到毛南語、漢語四音格詞具備以下特點。

（一）共性

（1）語音結構類型多樣。毛南語、漢語語音結構類型都有八種及以上。

（2）ABCD 型佔有相當比例，ABAC 型和 AABB 型都是重疊四音格詞強勢類型。

（二）差異性

（1）毛南語語音結構類型更為多樣，這是少數民族語言所少見的。少數民族語言語音結構類型一般只有四五種，多則不超過六種，而毛南語則多達九種，且都能獨立成型，實為罕見。

（2）毛南語重疊四音格詞語音結構類型以 ABAB 型為首，其次是 AABB 型，再次是 ABAC 型。而漢語重疊四音格詞語音結構類型以 ABAC 型為主，ABAB 型則只占百分之零點一，幾乎可以忽略。

（3）不重疊的 ABCD 型雖然在毛南語和漢語四音格語音結構類型中都佔有相當的比例，但在漢語中卻佔有百分之九十絕對優勢，而在毛南語中則只占百分之四十二不到一半的比例。這說明漢語四音格詞是以音節不重疊類型為主；相反，毛南語四音格詞是以音節重疊結構類型為主。

表 2　毛南語漢語語音結構類型及比例分布比較

比例		ABCD	ABAC	AABB	AABC	ABCB	ABCC	ABCA	ABAB	ABBC
比例	毛南語	42%	13.9%	15.5%	1.4%	2.6%	3.8%	1.4%	17.4%	1.9%
	漢語	90%	4.6%	2.4%	1.3%	0.7%	0.5%	0.3%	0.1%	0

四、毛南語漢語四音格詞共性特徵和個性差異原因探析

（一）語言接觸和地區內語言共性的作用

語言學家伯納德・科姆里指出：「如果我們觀察兩種語言支架的相似特徵，這些相似性的存在大體上有四個原因。第一，它們可能是出於巧合。第二，它們可能出於兩種語言實際上有親緣關係，而共同的特點是從它們的母語繼承來的。第三，兩種語言可能有地域上的連繫：共性特徵可能是一種語言從另一種語言借用來的。第四，這種特性可能屬於一種語言共性，或者是絕對共性或者傾向共性。相似特性出於巧合的概率極小。剩下三個因素，一般來說，歷史比較語言學家一直十分謹慎地區別出於共同原始母語的相似特性和出於借用的相似特性。事實告訴我們，一些經常重複出現的語音類型，它們的內聚性由於傾向共性而必然存在，因而不能據此建立語言間的親屬關係。當語言之間有接觸時，它們經常相互借用，最明顯的情形是詞彙的借用。但是，有時發生的情形是語言之間的接觸十分密切，因而產生一系列廣泛的相似特徵，往往達到它們之間共有的相似性比它們跟親緣上關係較密切的相似性還要多的程度。」[5]

據此，我們認為，四音格詞雖然不能證實漢語與毛南語之間是否屬於親屬語言，但至少它讓我們高度關注語言接觸和地區內語言共性的作用。

過去的毛南族（佯僙族）生活封閉，很少與外界接觸交流，毛南語四音格詞的發展受到很大限制，又由於毛南語沒有文字，只能靠口傳心授，因而毛南語主要流傳於口頭層面。隨著經濟的發展和社會的進步，毛南人打破封閉，走出深山峽谷，與周邊的漢族人經濟交往日益頻繁，這就促進

了語言接觸和文化交流。毛南語四音格詞很多就是來自漢語。因此，毛南語四音格詞也日益具有了漢語的語言特徵，具體表現在詞語的運用上大量借用漢語的詞彙，特別是新詞新語、語序也靠近漢語，出現了兩可的情形。例如：

1. 毛南語新詞新語

bə¹ho¹kuŋ⁴sɿ⁴ 百貨公司

百貨　　公司

sə¹hui¹tsu²ji¹ 社會主義

社會　主義

laŋ¹fəi¹laŋ¹fəi¹ 浪費

浪費　　浪費

ta³tsa：ŋ¹ta³tsa：ŋ¹ 打仗

打仗　打仗

kon²li²kon²li² 管理

管理　管理

thi⁶ka：u⁴thi⁶ka：u⁴ 提高

提高　　提高

thəu⁶ɕaŋ⁶thəu⁶ɕaŋ⁶ 紛紛投降

投降　　投降

pjeu²jaŋ⁶pjeu²jaŋ⁶ 表揚

表揚　　表揚

pau²hu¹pau²hu¹ 保護

保護　　保護

sən¹ li¹ sən¹ li¹ 勝利

勝利　勝利

2. 毛南語語序兩可性

kwən⁵ kwən⁵ lən² lən² 前前後後

（lən² lən² kwən⁵ kwən⁵）後後前前

kɛn⁵ naŋ³ kɛn⁵ ʦa⁶ 花裡花哨

（kɛn⁵ ʦa⁶ kɛn⁵ naŋ³）花哨花裡

wa：ŋ² wa：ŋ² ram⁵ ram⁵ 高高低低

（ram⁵ ram⁵ wa：ŋ² wa：ŋ²）低低高高

pa：i¹ pa：i¹ ta：u⁵ ta：u⁵ 來來往往

（ta：u⁵ ta：u⁵ pa：i¹ pa：i¹）往往來來

ȵit⁸ reŋ³ ȵit⁸ reŋ⁶ 涼涼颼颼

（ȵit⁸ reŋ⁶ ȵit⁸ reŋ³）颼颼涼涼

正是由於深受漢語等其他民族語言的影響，毛南語四音格詞語音結構類型呈現出諸多相似共性。

（二）語言類型的影響

1. 毛南語漢語四音格詞語音結構類型多樣，主要是由於它們都是分析型語言

分析型語言以次序和虛詞為表達語法的重要手段。分析型語言中的虛詞種類和重疊詞較多，形態變化較少，在語音形式上都表現出音節的特

點。與屈折型語言相比，分析型語言更易於產生四音格詞。分析性強的語言，四音格詞豐富，語音類型多；分析性弱的語言，四音格詞少，語音類型少。

2. 為什麼漢語四音格詞語音結構類型以不重疊的 ABCD 型為主，而毛南語四音格詞語音結構類型以重疊型為主

這和漢語的特性有關。漢語的特性是偏重於意義的表達，當形式與意義的矛盾不可調和的時候，形式就做出讓步，形式已有的韻律就被打破，產生非韻律形式，而 ABCD 型正是這種形式，這是語言規律使然。

毛南語語音 ABCD 型雖也佔有相當的比例，但與漢語相比，明顯受到語音內部韻律特徵的支配。毛南語屬於壯侗語族侗水語支，它遵循了本語族和本語支的語音結構特徵，故而 ABCD 型語音結構類型擁有相當的比例，但同時，這種語音結構類型也具有內部結構的語音規律。

ABAC 型是毛南語漢語重疊語音結構類型的優勢類型，但 ABAC 型卻不是漢語的典型類型，毛南語的 ABAC 型是毛南語四音格詞的典型類型。非漢語的其他民族語言的四音格詞格式也以 ABAC 為優勢格式。這是什麼原因呢？首先，ABAC 型中的 1、3 音節重疊，2、4 音節和諧（或部分和諧），組成了基本的韻律關係，形成了韻律的起伏、變化和清晰的節奏感。也就是說，ABAC 型是追求有限結構內部韻律和諧的最佳選擇；其次，「2＋2」並列格式是四音格詞主要格式，ABAC 型正好與這一格式不謀而合；最後，在由單音節詞走向雙音節詞的進程中，ABAC 型是最適宜擴展的結構形式。

ABAB 型、AABB 型是毛南語四音格詞中的優勢類型，漢語也有此類型，但不是典型類型，非漢語民族語的四音格詞 ABAB 型、AABB 型均是優勢類型。重疊是漢藏語構詞、構形的重要手段，在眾多的重疊形式中，AABB 型是最常用也最易成詞的形式，因此，漢藏語重疊格式都一致性地選擇了 ABAB 型、AABB 型作為構詞、構形的手段之一。

3. 毛南語漢語語音結構類型的差異還和語言聲調息息相關

聲調的功能就是使意義表達更具有經濟性，它比非聲調語言用多個音節拼合來表達意義要經濟得多。聲調的產生意味著聲母、韻母的簡化，多音節向單音節的發展。因此，聲調的經濟性和單音節是密不可分、相互補充的。所以，單音節語素更易產生四音格詞，聲調對四音格詞產生的影響顯而易見。

毛南語、漢語都是有聲調的語言，聲調對四音格詞的產生都起著作用，這是共性。但毛南語的四音格詞語音類型多於漢語，這與毛南語的聲調不無關係。漢語的聲調只有四聲，而毛南語卻有八個聲調，有的方言多達十個聲調。聲調的多樣性給毛南語語音類型多樣性的形成提供了極大的空間。所以，雖然毛南語、漢語都是有聲調的語言，但由於語言內部聲調的差異導致語言四音格詞語音類型的差異。

總之，毛南語、漢語四音格詞語音結構類型異同，一方面是語言接觸融合作用的結果，另一方面是由於受到語言類型的影響。就語言類型來看，毛南語、漢語都是分析性語言，它們缺少形態變化，依賴虛詞和語序構詞，因而容易產生四音格詞，這是它們的共性；但毛南語的分析性更

強，四音格詞易於被作為構詞和構形手段，因而更容易產生多種類型的四音格詞。毛南語與漢語都是單音節詞根語，有聲調，有豐富的重疊形式，足以產生豐富的四音格詞。相比之下，毛南語的聲調更多樣，在單音節詞根的基礎上發揮的作用更大，因而四音格詞語音類型更豐富。

參考文獻

〔1〕李方桂.水話詞彙〔M〕.北京：清華大學出版社，2008.

〔2〕趙道文.佯璜語簡介〔J〕.語言研究，1984（2）.

〔3〕薄文澤.佯僙語研究〔M〕.上海：上海遠東出版社，1997.

〔4〕孫豔.漢藏語四音格詞研究〔M〕.北京：民族出版社，2005.

〔5〕科姆里.語言共性和語言類型〔M〕.沈家煊，羅天華，譯.2 版.北京：北京大學出版社，2010.

（原載於《黔南民族師範學院學報》2015 年第 1 期）

毛南語聲母與普通話聲母的比較研究

劉婷婷　周旭東　李筠

一、研究背景

　　貴州的黔南地區是少數民族聚居區，毛南族是黔南的世居民族，共有人口三萬四千餘人，散居在黔南的平塘、獨山、惠水等縣，而以平塘縣尤為集中。毛南族有自己的語言，屬漢藏語系的壯侗語族侗水語支，但沒有文字。[1]毛南語有自己的結構系統及特點，其語音結構複雜，特別是聲母，結構與普通話的聲母有較大差異：毛南語共有輔音聲母六十九個，可以分為四類，而普通話的輔音聲母只有二十一個，按發音部位可以分為七類，按發音方法可以分為五類。由於各民族長期雜居，這些差異使當今黔南地區的平塘、獨山、惠水等地人們的普通話語音中明顯保留著毛南語聲母發音的一些特點（其中尤以平塘的毛南族人最為突出），因而影響其普通話水準。本文以周旭東教授提出的毛南語聲母特點為基礎，通過對毛南語聲母與普通話聲母的對比研究，力求找到切合實際的教授普通話的有效方法，達到推廣普通話的目的。

　　毛南語共有輔音聲母六十九個，可以分為如下四類：單純聲母、前顎化聲母、唇化聲母和複輔音聲母。[2]其中複輔音聲母只有一個〔pr〕，但出現的頻率很低，對人們說普通話幾乎沒有什麼影響，因此本文對此不做分析。

二、田野調查過程

項目組成員詳盡收集相關毛南語文獻資料，掌握其語言特點，製訂調查計畫，編制調查提綱，確定調查對象。[1]

二〇一一年九月至十一月和二〇一二年四月，項目組分別在平塘卡蒲中心小學和黔南民族師範學院，按照調查語彙表，採集語音分析樣本。

該調查以微型答錄機為錄音工具。項目組運用語音切分軟體分析語音樣本，再聽記語音樣本，運用資料統計分析方法進行驗證、整理、歸納，初步形成毛南語聲母體系，然後通過訪談語言專家學者，進一步修正語音。[2]

三、研究結果

毛南語共有聲母六十九個：〔ʔm〕、〔ʔn〕、〔ʔa〕、〔ʔŋ〕、〔m〕、〔n〕、〔ȵ〕、〔ŋ〕、〔p〕、〔ph〕、〔b〕、〔k〕、〔kh〕、〔ʔ〕、〔t〕、〔th〕、〔d〕、〔ts〕、〔tsh〕、〔tɕ〕、〔tɕh〕、〔w〕、〔v〕、〔s〕、〔ʐ〕、〔ɕ〕、〔j〕、〔h〕、〔l〕、〔nj〕、〔ʔnj〕、〔mj〕、〔ʔmj〕、〔pj〕、〔phj〕、〔bj〕、〔ʔj〕、〔tj〕、〔thj〕、〔tsj〕、〔dj〕、〔vj〕、〔sj〕、〔ʐj〕、〔lj〕、〔ʔmw〕、〔mw〕、〔nw〕、〔ŋw〕、〔ʔŋw〕、〔pw〕、〔phw〕、〔bw〕、〔kw〕、〔khw〕、〔ʔw〕、〔tw〕、〔thw〕、〔tsw〕、

---

1 調查對象：石佩剛，男，50歲，平塘卡蒲中心小學教師。石光尤，男，70歲，平塘縣退休幹部。他們都是毛南族人，平時都説毛南語。
譚將，22歲，黔南民族師範學院學生，平塘人。黃玉玲，21歲，黔南民族師範學院學生，獨山人。王麗，21歲，黔南民族師範學院學生，惠水人。他們都是毛南族人，能聽懂毛南語，又會説普通話。

〔tshw〕、〔tɕw〕、〔tɕhw〕、〔sw〕、〔ʐw〕、〔ʔjw〕、〔hw〕、〔lw〕、〔jw〕、〔pr〕。

根據周旭東、劉婷婷對毛南族語言語音聲母系統研究[2]可知，貴州毛南語語音聲母有如下主要特徵：

（1）塞音聲母清濁對立。

（2）鼻音聲母有兩套，即單純鼻音〔m〕、〔n〕、〔ȵ〕、〔ŋ〕和前帶緊喉音成分的鼻音〔ʔm〕、〔ʔn〕、〔ʔȵ〕、〔ʔŋ〕。

（3）有送氣的清塞音聲母和清塞擦音聲母：〔ph〕、〔th〕、〔kh〕和〔tsh〕、〔tɕh〕。

（4）唇齒濁擦音聲母〔v〕可以自由變讀為同部位的清擦音，但與雙唇半母音聲母〔w〕是對立的音位。

（5）多數地區有舌尖顫音〔r〕和舌尖後濁擦音〔ʐ〕，它們是自由變讀的同一音位。

（6）有一整套齶化聲母和唇化聲母。

（7）有複輔音聲母〔pr〕，但出現頻率很低。

（8）零聲母前都帶喉塞音聲母〔ʔ〕。

四、毛南族人說普通話聲母易產生的語音偏誤分析

在上述特徵中與普通話聲母的差異較大而且對當地人的語音產生較大影響的主要是特徵（2）（4）（6）。結合普通話和毛南語聲母的特徵分析，毛南族人說普通話聲母最容易產生的語音偏誤主要反映在以下四個方面。

（一）鼻音聲母與口輔音聲母混讀

由於毛南語中鼻音聲母有兩套而且使用非常廣泛，主要有單純鼻音〔m〕、〔n〕、〔n̠〕、〔ŋ〕和前帶緊喉成分的鼻音〔ʔm〕、〔ʔn〕、〔ʔn̠〕、〔ʔŋ〕，如「前面」〔man^{1}kun^6〕、「半」〔maŋ^5〕、「家孫」〔na^{3}ʐan^3〕、「小孩」〔nap^{7}tɕje^1〕、「露」〔n̠i^2〕、你〔n̠a^2〕、「五」〔ŋo^4〕、「黃」〔ŋaːn^2〕；「磨子」〔ʔme^4〕、「草蘿」〔ʔmei^{2}kaŋ^1〕、「衣領」〔ʔnkuːk^8〕、「筋」〔ʔn^1〕、「少」〔ʔn̠i^1〕、「灶」〔ʔn̠a^5〕、「鋼」〔ʔŋa^3〕、「飯蚊」〔tɕjam^{5}ʔŋo^1〕等。因母語中存在大量鼻音（包括含緊喉成分的鼻音），所以黔南地區的平塘、獨山、惠水等縣的人們在說普通話時，往往會在口輔音聲母的發音中帶上較濃厚的鼻音色彩，甚至發成鼻化音[1]聲母。例如：普通話的「後面」讀為〔man^{1}lən^3〕、「襪子」讀為〔ma^5〕、「帽子」讀為〔maːuk^8〕、「紅薯」讀為〔mɛ^{2}daŋ^2〕、「外家」讀為〔nuŋa^1〕、「家孫」讀為〔na^{3}ʐan^3〕、「索子」讀為〔naŋ^4〕、「葵花」讀為〔na^{2}van^2〕、「你」讀為〔n̠a^2〕、「祖母」讀為〔ŋai^1〕、「扣子」讀為〔n̠o^1〕、「蟲」讀為〔ɡui^3〕、「午」讀為〔ŋo^1〕、「甄

1　鼻化音指在一個音節發音的全部過程中都有鼻音色彩，氣流既從口腔通過，也從鼻腔通過，沒有形成閉音，也就是沒有歸音。這就造成了鼻化音的兩個明顯特徵：❶母音鼻音化；❷沒有歸音。

子」讀為〔ŋo⁴〕、「鞋子」讀為〔ŋa：i³〕、「鴨」讀為〔ŋəp⁷〕、「糞籮」讀為〔ʔmei²mo²〕、「蔬菜」讀為〔ʔma¹〕、「白菜」讀為〔ʔma¹ba¹〕、「羊子」讀為〔ʔme²〕、「折耳根」讀為〔ma²ʔn¹〕、「有」讀為〔ʔnaŋ¹〕、「飯蚊」讀為〔tɕjam⁵ʔŋo¹〕、「展開」讀為〔ʔe⁵〕、「筋」讀為〔ʔn¹〕,「梧桐樹」讀為〔mei¹ʔŋo⁶〕、「爸爸的妹」讀為〔ʔa¹〕等,這些都是在漢借詞口輔音中加上了單純鼻音或者前帶緊喉成分的鼻音。

（二）唇齒濁擦音聲母〔v〕泛用

由於毛南語中唇齒濁擦音聲母〔v〕可以自由變讀為同部位的清擦音〔f〕,但與雙唇半元音聲母〔w〕是對立的音位,這就使唇齒濁擦音聲母〔v〕成為一個構詞能力極強的聲母,可以出現在多個音節的組合中,如甜〔van¹〕、高〔vaŋ³〕、斧頭〔ven⁴〕,柴刀〔va¹〕、飯〔vo¹〕、桑葉〔va⁵ɕi²〕、胃〔vε⁴po⁴〕、牙齒〔ven³〕等。[3]而在普通話中唇齒濁擦音聲母〔v〕不能充當聲母來與韻母相拼合組成音節。

（三）齶化聲母的影響

由於毛南語有一整套齶化聲母,包括（ʔ）mj、（ʔ）nj、pj、phj、bj、ʔj、tj、thj、tsj、dj、vj、sj、 ʑj、lj,共十六個,這些齶化聲母可以直接構成音節,如稞〔pja²〕、秕〔phjεp⁷〕、滑〔bjεk⁸〕、馬〔mjε⁴〕、女〔ʔmjεk⁸〕、辮子〔vjε²〕、吃〔tsjen¹〕、曬〔sjŋε⁴〕、滾〔ʑjεŋ⁴〕、長久〔tjεŋ¹〕、千〔thjem¹〕、肚臍〔djε³〕、海〔njε¹〕、月〔ʔnjen¹〕、尖〔ljε¹〕、站長〔ʔjin¹〕等。這就使平塘、獨山、惠水等縣的人們在說普通話時,往往會

在其語音中帶上明顯的舌面中濁擦音〔j〕的成分，即上齶與舌面發生摩擦，而這個音在普通話中除了聲母 j、q、x 有舌面中濁擦音〔j〕的成分外，其餘聲母都沒有。

（四）唇化聲母的影響

由於毛南語有一整套唇化聲母，包括 pw、phw、bw、mw、ʔmw、tsw、tshw、sw、ʐw、tw、thw、nw、lw、tɕw、tɕthw、jw、kw、khw、ŋw、ʔŋw、hw、ʔw、ʔjw，共二十三個，這些唇化聲母可以直接參與構成音節，如角〔pwa：u²〕、撒〔phwə¹〕、晚飯〔bwa：u²〕、望〔mwa：ŋ⁶〕、鑼〔ʔmwa：ŋ¹〕、磚〔tswəm¹〕、鈸響聲〔tshwəm¹ tswa³〕、衰〔swai⁴〕、孔雀〔ʔnɔk⁷ ʐwa⁴〕、逗〔two¹〕、線〔thwɔn⁶〕、襤褸〔twə⁵ nwə⁵〕、怕〔lwə¹〕、勒〔tɕwɔt⁷〕、缺點〔tɕhwə⁵ tjen²〕、跳〔jwɔp⁷〕、鋤頭〔kwa：k⁷〕、剖開〔khwa：ŋ⁵〕、瓦〔ŋwa⁴〕、歪裡歪唞〔kwe⁴ʔŋwe³ kwe⁴ʔŋwe⁶〕、花費〔hwa：ŋ¹〕、扛〔ʔwən¹〕、蝌蚪〔ʔjwok⁸〕等[3]。這就使平塘、獨山、惠水等縣的人們在說普通話時，往往會在其語音中帶上明顯的雙唇濁擦音〔w〕的成分，而這個音在普通話聲母中是沒有的。

五、毛南族人說普通話聲母的語音偏誤糾正

根據上文分析和實地調查可知，毛南語聲母對平塘、獨山、惠水等地人們說普通話時的影響主要集中在鼻音聲母與口輔音聲母混讀、唇齒濁擦音聲母〔v〕泛用、顎化聲母的影響和唇化聲母的影響四個方面。筆者結合自身的教學和培訓實踐，圍繞這四個方面來探討相應的糾正方法。

　　第一，對於鼻音聲母與口輔音聲母混讀的問題，可以分別從兩個方面進行糾正：一方面在發普通話聲母（除 m、n、l、r 四個濁音聲母外）時，聲帶不要顫動（因為普通話中大部分聲母都是清音聲母，發音時聲帶不顫動），同時軟顎、小舌不要下降，這樣鼻腔就不會打開，呼出的氣流可以順利地經過口腔，並在口腔中形成共鳴，然後再按照普通話每個口輔音聲母的發音規範進行發音，這樣就可以避免口輔音聲母發音時帶上濃厚的鼻音或者鼻化音。另一方面還要注意去掉緊喉音成分，就是在發普通話聲母時，要打開聲門，不要做收縮動作，這樣在發音時就可以去掉普通話所沒有的緊喉音成分。

　　第二，在毛南語中由於唇齒濁擦音聲母〔v〕可以自由變讀為同部位的清擦音〔f〕，而普通話中也正好有 f 聲母，所以平塘、獨山、惠水等地人們發普通話 f 聲母沒有問題。而唇齒濁擦音〔v〕發音時聲帶顫動，上門齒與下唇內沿成阻。又由於唇齒濁擦音〔v〕在毛南語中是一個使用頻率很高的聲母，所以平塘、獨山、惠水等地人們往往在發普通話聲母時，會自覺不自覺地帶上〔v〕音，特別是在發〔u〕類零聲母音節時更是發成了唇齒濁擦音〔v〕。所以在進行聲母教學時，要求學生（學員）在發普通話聲母特別是〔u〕類零聲母時，聲帶不要顫動，上門齒不要碰到下唇內沿，這樣就可以避免發成唇齒濁擦音〔v〕。

　　第三，發某一輔音時，因舌面抬高，接近硬顎，具有舌面音色彩，稱為顎化。也有輔音被後面舌位高的前母音所同化而形成顎化。如今聲母 j、q、x，即古聲母 g、k、h 經顎化而成。[2] 也就是說普通話中只有聲母

j、q、x 有顎化色彩，其餘聲母都沒有顎化。而毛南語中有成套的顎化聲母，這就使平塘、獨山、惠水等地人們的語音中帶有明顯的顎化音。在實際教學和培訓中，學生（學員）在發普通話聲母（除 j、q、x 外）時，舌面中部應避免接近硬齶，更不能與硬齶發生摩擦，即發音不要帶舌面中濁擦音〔j〕的成分。對一些方言音較重的學生（學員），可讓他們在嘴裡含著一個小圓球進行發音訓練，就可以避免發顎化音。

第四，唇化音是指發音時雙唇撮成圓形的音，即發唇化音時雙唇要攏成圓形發雙唇濁半母音〔w〕。發雙唇濁半母音〔w〕時聲帶要顫動，氣流較弱，摩擦較小，介於母音跟輔音之間。由於毛南語有成套的唇化音聲母，這就使方言區人們的語音中帶有明顯的唇化音，即在聲母發音時雙唇都會做一個「撮」的動作，同時聲帶還會有較輕的顫動。在進行聲母發音前，可先讓學生大聲發「ā」音，以達到放鬆上下唇的目的，改正雙唇「撮起」發音的習慣。然後再逐個教讀二十一個聲母，這樣可以有效避免唇化音，從而發出正確的普通話聲母，為提高普通話語音水準打下基礎。[4]

◉ **參考文獻**

〔1〕黔南布依族苗族自治州史志編纂委員會.黔南布依族苗族自治州志（簡編本）〔M〕.貴陽：貴州人民出版社，2007.

〔2〕周旭東，劉婷婷.貴州平塘卡蒲毛南族（佯僙人）語言語音聲母系統研究〔J〕.長江師範學院學報，2010（6）.

〔3〕鄒洪濤，楊正舉.貴州毛南族〔M〕.貴陽：貴州民族出版社，2012.

〔4〕文靜，劉婷婷.普通話實用訓練教程〔M〕.成都：西南交通大學出版社，2012.

（原載於《黔南民族師範學院學報》2015 年第 3 期）

獨山縣黃後鄉多樂村方言音系

李華斌

　　貴州省人口約四千萬，其中少數民族人口約占四分之一，境內的漢語方言隸屬西南官話，一般劃分為黔東南、黔南、黔西南、黔中、黔北、黔東北六片。黔南片又分都勻片、凱麻片、荔波片，獨山是都勻片的一個重要方言點。獨山方言的特點是陽平是高降〔53〕或〔52〕，上聲調都是較高的平調或升調，山、咸攝的舒聲字（即 an、am／ian、iam／uan、uam／yan、yam）讀為主元音〔a〕或〔ɛ〕的陰聲韻等。[1][2][3][4]

　　多樂村位於貴州省與廣西壯族自治區交界地帶，擁有一千多口人，其中一半是漢族，一半是布依族。漢族人稱布依族為本地，稱自己為客家，顧名思義漢族是外來的。當地彭氏家譜中記載他們本為周氏姬姓後裔，從江西遷到湖南，又從湖南遷到都勻，之後才遷到現在的居所。從當地的墓碑中可知清初漢族已在當地定居。據該村老人講，這裡原本僅有兩家漢族人，後才有布依族及其他漢族人陸續遷入。經過幾百年的民族融合、交流，逐漸形成了各民族大雜居、小聚居的分布特點。當地新中國成立以前出生的老人會說漢語、布依語。新中國成立以來到二十世紀八〇年代出生的，僅布依人學習布依語，漢人都只說漢語。二十世紀八〇年代後出生的布依人幾乎全說漢語，只

能聽懂少量的布依日常用語。以下所述方言指當地人的基本通用語。

　　本文所記第一發音人，彭韓氏，女，一九一八年生，當地農民，漢族，能說漢語、布依語。第二發音人，彭國團，一九八八年生，大學本科學歷，漢族，基本不會說布依語，能聽懂少數的布依族日常用語。本文的記音以第一發音人為準，同時參照多樂村其他人的發音。

一、獨山縣黃後鄉多樂村方言音韻

（一）聲母（21個）

〔p〕把別布班	〔p'〕怕皮鋪胖	〔m〕摸馬木沒	〔f〕富發風放	〔k〕個剛古共
〔k'〕快課開哭	〔x〕好和恨紅	〔ŋ〕我咬	〔Ø〕養五挖	〔ts〕在澤中腫
〔ts'〕才粗插畜	〔s〕灑算書上	〔tɕ〕家雞幾講	〔tɕ'〕錢七球窮	〔ɕ〕想洗寫線
〔t〕都大賭點	〔t'〕他塗騰田	〔l〕腦弄李路	〔ȴ〕念你膩鳥	〔ʐ〕然熱潤日
〔ʔ〕啞壓押恩				

說明：

　　（1）一般認為都勻片都有聲母〔v〕，如魚、雨讀〔vi〕，月、園讀〔vie〕，雲、運讀〔vin〕。[2]魚[1]、雨、月，中古疑母合口三等；園、雲、運，中古於母合口三等。疑、喻三變零聲母後，三等細音的合口〔u〕變讀作〔v〕；但多樂村方言中三等細音的合口〔u〕不變讀作〔v〕，與今普通話同步。

1　魚，《韻鏡》《七音略》、邵雍《聲音圖》是開口，但《四聲等子》《四聲韻譜》是合口。

（2）一般認為都勻片能分〔n〕、〔l〕，[2] 但多樂村方言中〔n〕併入〔l〕和〔ȴ〕，具體演變是中古泥母的洪音讀〔l〕，泥母細音和娘母讀〔ȴ〕。〔ȴ〕與〔ȵ〕的阻塞部位相同，是一個舌面前不送氣的邊音，由顎化（〔lj〕）產生。

（3）中古的喻三、喻四以及部分日母字不讀〔ʐ〕，而讀〔ø〕，如融榮熔絨。

（4）中古疑母的開口洪音讀〔lj〕，合口及細音讀〔ø〕，即〔lj〕只與〔a〕[1]、〔o〕、〔ə〕相拼。

（5）中古影母的開口洪音讀〔ʔ〕，合口及細音讀〔ø〕，與疑母的情況類似。大概發音部位較低的元音起頭的音節易滋生喉塞聲母〔ʔ〕，但細音及合口與〔ʔ〕的發音部位衝突，不滋生〔ʔ〕。

（6）尖團不分，如錢七中古尖音，球窮中古團音，統一讀〔tɕ'〕。

（7）中古曉匣的遇攝合口韻，讀〔f〕，如虎讀〔fu25〕。

（二）韻母（33個）

[a] 八拉挖發	[o] 磨破薄玻	[ə] 去	[ɯ] 二耳兒	[i] 比米立起
[u] 哭古五六	[y] 支雨魚玉	[ai] 來買開該	[ei] 客冊者色	[au] 飽跑老要

1　〔ɑ〕是〔a〕音位變體，不區別意義，一般情況下，我們以〔a〕代替〔ɑ〕。

[əu] 豆頭樓摳	[an] 懶滿覃看	[ən] 本嫩頓寸	[aŋ] 飯養幫胖	[ia] 舔家掐瞎
[iɛ] 貼棉邊臉	[iau] 表飄巧笑	[iəu] 秋舊修九	[iaŋ] 講搶像亮	[iuŋ] 窮匈弓胸
[iən] 定聽瓶兵	[ɿ] 字之四是	[io] 學削腳角	[iai]（雞蛋）	[uai] 甩乖快壞
[ua] 抓掛跨刮	[uo] 落擴火和	[uəi] 累雷淚貴	[uan] 傳栓亂斷	[un] 輪婚滾困
[uaŋ] 黃光筐廣	[uŋ] 紅空送種	[yɛ] 雪血絕勸		

說明：

（1）中古山、咸攝的開口細音（三四等）舒聲字，韻尾〔n〕丟失，主元音變為〔ε〕，如天邊面臉棉讀〔iε〕；而洪音（一二等）及合口的舒聲字讀〔an/uan〕。山攝洪音舒聲字，如懶滿碗看關讀〔an〕[1]；山攝細音合口舒聲字，如磚賺讀〔uan〕；咸攝洪音舒聲字，如庵（中古覃開一），咸攝細音合口舒聲字如犯（中古范合三），都讀〔an〕，是〔m〕與〔n〕合併後發生的。大概開口較大的前元音或合口介音使韻尾〔n〕不丟失。

（2）舌齒音的合口介音有丟失的現象，如〔un〕與〔t〕、〔t‘〕、〔ts〕以及〔ts‘〕相拼讀〔ə〕，例字有「噸村」。而舌根音、來母、泥母的合口字仍保留合口介音，如貴累雷讀〔uəi〕[2]，來母、泥母的合口字不像今普通話丟失變為開口。

（3）中古梗攝的字讀〔iən〕，與真攝字的韻母混並，如定停親讀〔iən〕。

1　少數二等字除外，如眼，產開二，多樂村方言讀〔iε〕。二等字的情況特殊，需區別對待。

2　一般認為唇音不分開合口，從我們對《廣韻》唇音字的統計，發現絕大多數唇音字都分開合口，少數不分是審音不精或類化造成的。

（4）多樂村方言的前高元音有複音化的現象，中古麻開三、歌開一、戈合一和部分入聲字讀〔ei〕，增加韻尾〔i〕，如冊測側策者車可色讀〔ei〕。

（5）部分見組的二、四等字不變為舌面音〔tɕ〕、〔tɕ‘〕、〔ɕ〕，仍讀舌根音，二等字如戒解讀〔kai〕，窖讀〔kau〕；四等字如叫讀〔kau〕。

（6）存在文白異讀，如可有〔k‘uo〕、〔k‘ei〕兩種讀音，哥有〔kuo〕、〔kei〕兩種讀音。〔kuo〕、〔k‘uo〕源自中古漢語〔ka〕、〔k‘ɑ〕；〔kei〕、〔k‘ei〕源自近代漢語〔ke〕、〔k‘e〕。

（7）江韻的入聲覺韻，韻尾丟失，受舌面聲母〔tɕ〕、〔tɕ‘〕、〔ɕ〕同化音變的影響，滋生出介音〔i〕，是西南官話的共同語音現象，如角確學讀〔tɕio〕、〔tɕ‘io〕、〔ɕio〕。

（8）戈韻合口一等字讀〔uo〕，不讀〔ə〕，存古。

（三）聲調

《貴州省志・漢語方言志》認為獨山方言的聲調有五類，即陰平〔33〕，陽平〔53〕，上聲〔34〕，去聲〔12〕，入聲〔42〕。[2] 而多樂村方言的聲調有四類，即陰平、陽平、上聲、去聲，入聲已消失，大多併入陽平。陰平有〔55〕、〔35〕兩種讀法，如該〔kaj55〕，街階〔kai35〕；陽平〔51〕，如婆〔p‘o51〕；上聲〔25〕比〔35〕起調稍低，但發音稍長，如解〔kai25〕；去聲〔214〕，如戒界屆介芥械〔kai214〕。

多樂村方言的聲調和今普通話存在對應關係，與今布依語的八個聲調基本不同（除借詞外）。它有存古的性質，如上聲是升調。其最大的特點是陰平有〔55〕、〔35〕二調，平調是本調，升調或從布依語借入或類化產生。

二、獨山縣黃後鄉多樂村方言音節

音節表中方言詞一般標出本字，方言音詞一般不標出本字，特有的方言詞、方言音詞等用「注」加以說明（見表1）。

表 1　獨山縣黃後鄉多樂村方言音節表

[p]	a	o	i	u	ai	ei	au	an	ən	aŋ	ia	iɛ	iau	iən	iaŋ	uŋ
55	疤巴粑										鞭邊				泵	
35	①	玻		④	杯碑背	包	搬班斑				幫	憋編	膘	冰兵	⑪	⑬
25	②	簸	比	補	擺⑤		飽堡	板⑦	本	膀	⑧	匾⑩	表	丙		⑭
214	罷壩霸把		蔢藃	布步卜③	⑥	輩貝背幫	爆抱雹報	半扮拌辦	奔笨	棒蚌	⑨	辮變遍便		病		
51	八拔	缽薄	必筆壁鼻			向北									餅柄	⑫

注：①〔pa³⁵〕即扒，纏著、黏著。②〔pa²⁵〕即把，屎。③〔pu²¹⁴〕偷看。④〔pai³⁵〕瘸子。⑤〔pai²⁵〕竄門。⑥〔pai²¹⁴〕即敗，褪色。⑦〔pan²⁵〕翻滾。⑧〔pia²⁵〕即癟，扁了、沒氣了。⑨〔pia²¹⁴〕把黏的東西放到牆上等。⑩〔pie²⁵〕做。⑪〔pian³⁵〕餿的酸水。⑫〔pian⁵¹〕踩在稀泥裡濺出泥水。⑬〔puŋ³⁵〕踢。⑭〔puŋ²⁵〕凸出來。

[p']	a	o	i	u	ai	ei	au	an	ən	aŋ	ia	iɛ	iau	iən	uŋ
55															
35	①	坡	披	鋪		④	拋⑤	潘⑦	噴				飄	拼	⑯
25	②			普	③		跑	⑧		⑪	⑫	⑭	⑮		捧
214	帕怕	破	屁			配	泡刨炮	判⑨		胖		遍騙片	灑直		碰
51	爬扒耙杷	婆	劈皮枇脾	葡瀑	排牌	陪呸	⑥	盤⑩	盆彭	旁	⑬	撇別	瓢嫖	瓶蘋憑平	朋棚⑰

注：①〔p'a35〕形容軟。②〔p'a25〕撲到地上。③〔p'ai25〕計量單位（手臂長度）或形容大腹便便的樣子。④〔p'ei35〕即披。⑤〔p'au35〕山上的野果（莖帶刺）。⑥〔p'au51〕即刨，亂翻、踢。⑦〔p'an35〕勻一點出來。⑧〔p'an25〕乾拌。⑨〔p'an214〕門盧掩。⑩〔p'an51〕運走。⑪〔p'aŋ25〕納彩禮時用的肉。⑫〔p'ia25〕全身無力（貶義）。⑬〔p'ia51〕擬聲詞，打耳光的聲音。⑭〔p'iɛ25〕磨嘴皮子。〔p'iɛ25 xuŋ51〕即品紅。⑮〔p'iau25〕在火苗上燒。⑯〔p'uŋ35〕幹活很厲害。⑰〔p'uŋ51〕水開後溢出來或形容煩躁不安。

[m]	a	o	i	u	ai	ei	au	an	ən	aŋ	ia	iɛ	iau	iən	uŋ
55															
35	媽	摸②	眯			沒	貓		④	⑧		⑩	瞄		⑫
25	馬①	抹	米	畝拇	買	美	卯	滿	⑤	蟒			秒	抿閔	⑬
214		磨	③		賣	妹	帽冒	慢	悶⑥			面	廟	命	夢
51	蔴抹	墨	密迷	目木某	埋	麥媒梅煤	毛茅	瞞蠻饅	門⑦	忙	⑨	棉⑪	苗	名民	蒙

注：①〔ma25〕霸佔、堆起來。②〔mo35〕慢。③〔mi214〕沉下去。④〔mən35〕胖。⑤〔mən25〕經過長期風吹日曬變得很容易撕碎。⑥〔mən214〕即漫，水溢出來。⑦〔mən51 tiɛ51〕即明天。⑧〔maŋ35〕飯、胖。⑨〔mia51〕煮飯水放得太多。⑩〔miɛ35〕扳開。⑪〔miɛ51〕扎實。⑫〔muŋ35〕掩埋。⑬〔muŋ25〕即蟒（害蟲）。

[f]	a	u	ei	an	ən	aŋ	uŋ
55		①					
35		②	飛	翻	分	方	蜂瘋封楓
25		腐虎否	匪	反	粉	訪	
214		富戶	痱③	犯	糞	放	
51	發罰法	福幅佛湖	肥	煩	墳	房	縫

注：①〔fu^{55}la^{55}〕髒了、邋遢。②〔fu^{35}〕被人用言語以牙還牙。③〔fei^{214}〕小孩很頑皮。

[k]	a	u	ai	ei	au	əu	an	ən	aŋ	iɛ	uo	ua	uei	uan	un	uaŋ	uŋ	uai
55	①	姑	該		膏	溝鉤	杆竿間	根更	缸剛									
35		估④	街階		高		柑干	跟庚	豇鋼		鍋歇哥	瓜	規龜	棺關官		光	工公	乖
25	②	鼓古	改解		搞	枸狗	敢趕	整	崗	給	果裏	剮	鬼	管	滾	廣	拱	拐枴
214		顧	蓋戒界屆		告叫窖酵			⑥	⑦		個過	掛	櫃貴跪桂	灌慣	棍	逛	貢共	怪
51	③	骨谷	⑤	格隔閣疙	覺攪						各割擱革	刮		國				

注：①〔ka^{55}k'uŋ^{55}〕即家公（外公）。〔ka^{55}p'o〕即家婆（外婆）。②〔ka^{25}〕肉。③〔ka^{51}〕摳、一毛不拔。④〔ku^{35}〕即居，蹲。⑤〔kai^{51}〕對小孩的昵稱。⑥〔kən^{214}〕被打或劃破留下的長條印記。⑦〔kiɛ^{214}〕即割。

[k']

	a	ə	u	ai	ei	au	əu	an	ən	aŋ	uo	ua	uəi	uan	un	uaŋ	uŋ	uai
55	旮																	
35			枯①	開②		敲	④		坑	糠	科蝌		虧盔⑧	寬		誆筐	空	
25	卡	苦				烤考	口	砍檻	啃肯	⑤	顆可	垮	⑨	款⑩	捆	礦	孔⑫	塊
214		去	褲庫			靠拷	扣	看		炕	課⑥	跨			困			筷會快
51	揩	哭			客刻咳③		摳			扛	殼瞌括⑦	葵			⑪			

注：①〔k'u^{35}〕即箍。②〔k'ai^{35}〕即揩。③〔k'ei^{51}ma^{51}〕即蛤蟆。④〔k'əu^{35}〕即摳。⑤〔k'aŋ^{25}〕蓋。⑥〔k'uo^{214}〕即攔，放東西。⑦〔k'uo^{51}〕用不正當手段獲取財物。⑧〔k'uəi^{35}〕〔k'yε^{35}〕把直的弄彎。⑨〔k'uəi^{25}〕〔k'yε^{25}〕折斷。⑩〔k'uan^{25}〕橫著、被擋住。⑪〔k'un^{51}〕整個或鼓鼓的。⑫〔k'uŋ^{25}〕炒的東西用水蓋著煮。

[x]

	a	ai	ei	au	əu	an	ən	aŋ	ua	uo	uŋ	uan	un	uəi	uaŋ
55															
35	①	⑤		蒿					花	喝⑦	轟		昏婚	灰	慌荒
25	②	海		好	吼	喊	狠			火夥	哄	緩		悔	
214	③	害		耗	後厚	漢汗	恨	行巷	話化畫	禍貨⑧	⑨	換	混	會	晃
51	④	孩還⑥	黑		猴	含	痕		劃滑	活和河盒	紅	橫還環	魂	回	黃

注：①〔xa³⁵〕亂找、使散開。②〔xa²⁵〕即哈（憨、笨）。③〔xa²¹⁴〕即（等一）下。[1] ④〔xa⁵¹〕撓癢癢讓人笑。⑤〔xai³⁵〕大。⑥〔xai⁵¹〕即鞋。⑦〔xuo³⁵〕瘁。⑧〔xuo²¹⁴〕即和，混合。⑨〔xuŋ²¹⁴〕即哄，嘈雜、熱鬧、生意好。

[ŋ]	a	o	au	ən	aŋ	ai	an
55							
35			熬				
25		我	咬	①	仰		
214		餓哦		硬			岸
51	牙	鵝俄娥峨				岩癌	

注：①〔ŋən²⁵〕梗到。

[ʔ]	a	o	au	ən	uŋ	aŋ	ai	an
55					嗡攤	肮	唉	
35	阿							庵
25			襖				矮	醃
214	壓押啞	喔握		恩	甕	盎	愛	
51	丫鴉						挨	①

注：①〔ʔan⁵¹〕沒有間隙。

[ø]	ɯ	u	y	i	ən	uən	ia	iɛ	iəu	iai	iaŋ
55	烏			衣			呀丫				
35				醫	①		②	炎煙			秋
25	耳	五武	雨	裡	嘔	穩紊	野眼掩	有			癢

1　多樂村還有匣母字的底層殘留，也未發生濁上變去，我們認為匣母、濁上整體上不存在，絕大部分已清化、變去，所以不獨立全濁聲母、濁上為一類。

續表

214	二	霧	遇玉	意	悒	問		燕夜	右又		樣
51	兒		魚	姨		蚊聞	芽蚜鴨③	頁葉鹽顏	油郵	④	楊羊

[ø]

	iən	io	ua	uai	uo	uəi	uan	uŋ	uaŋ	iau
55	因音英鷹				窩沃					
35	陰		挖	歪		煨	彎			腰
25	影	⑤		崴		尾	碗	湧	網	
214	印應		外			味為		用	忘	要
51	銀贏	藥岳躍鑰				喂	完		枉王	姚

注：①〔øəu^{35}〕打槍的動作。②〔øia^{35}〕對父親的稱呼。③〔øia^{51}〕對父親的稱呼。〔øia^{51}ia^{51}〕對爺爺的稱呼。④〔øiai^{51}〕質量不好。⑤〔øua^{25}〕掏。

[ts]

	a	ɿ	u	ai	ei	au	əu	an	ən	aŋ	ua	uo	uəi	uan	un	uaŋ	uŋ
55	渣						周		真						椿		宗中
35		③	豬珠	栽	遮		⑤		針正蒸	⑦			錐⑩	磚		裝	
25	①	姊紫籽指	祖煮	崴	者	走	⑥		枕	長	爪抓	⑨	嘴	轉	准	⑪	腫
214	榨炸②	字痣	住柱	在再寨債	這	灶皂照④	咒	站蘸占	滲	賬脹		坐	最醉	賺轉		狀撞	重種

續表

	a	ɿ	u	ai	ei	au	əu	an	ən	aŋ	ua	uo	uəi	uan	uaŋ	uŋ
51	雜砸扎眨	直	竹燭軸妯	澤摘責仄							⑧	桌昨捉				

注：①〔tsa^{25}〕黏黏的。②〔tsa^{214}〕壓。③〔tsɿ^{35}〕擦掉。④〔tsau^{214}〕即躁，多動。⑤〔tsan^{35}〕即黏，不糯。⑥〔tsan^{25}〕讓一下、移動。⑦〔tsaŋ^{35}〕答應、理睬。⑧〔tsua^{51}〕踢。〔tsua^{51}〕低頭。⑨〔tsuo^{25}〕交換。⑩〔tsuəi^{35}〕螫。⑪〔tsuaŋ^{25}〕蠢。

〔ts'〕

	a	ɿ	u	ai	ei	au	əu	an	ən	aŋ	ua	uo	uəi	uan	uaŋ	uŋ
55															窗	蔥
35	叉差		粗	猜	車③		抽	⑥	村春稱			搓	吹催	穿		充春
25	①		②	踩	扯	草		讒⑦	⑧		⑨	戳				⑩
214	苴	刺		菜		糙炒	湊臭		寸秤	唱		錯	脆	串躥	幢	
51	擦茶插	瓷尺	出	才柴	冊測側策④	潮⑤	愁	饞	存成橙	長		撮	錘	傳船	床	從蟲

注：①〔ts'a^{25}〕太大。②〔ts'u^{25}〕面對著。③〔ts'ei^{35}〕轉。④〔ts'ei^{51}〕即切。⑤〔ts'au^{51}k'əu^{25}〕胃口。〔ts'au^{51}tau^{214}〕總是忘記。⑥〔ts'an^{35}〕即摻。⑦〔ts'an^{25}〕打一耳光。⑧〔ts'ən^{25}〕壓。⑨〔ts'ua^{25}〕手僵硬。⑩〔ts'uŋ^{25}〕推。

〔s〕

	a	ɿ	u	ai	ei	au	əu	an	ən	aŋ	ua	uai	uo	uəi	uan	un	uaŋ	uŋ
55		絲							深				蓑					
35	沙砂	撕	梳書	篩腮塞	賒	燒騷	收	山三	身生聲孫	傷商	⑤	摔	⑦	⑧	酸		雙霜	松

續表

25	床	死	數		舍	嫂掃	守手	閃傘	筍			甩	鎖	水			
214		事四是	樹素漱	曬	射社麝	哨②	瘦	爌	剩	上			睡碎歲	蒜栓算	順		送
51	殺	石	熟		①	③		④	神	裳償	刷	⑥	縮	隨			慫

注：①〔sei51〕入聲字「色澀塞嗇設蛇攝舌折」等的讀音。〔sei51〕即虱（子）。②〔sau214〕豬食。〔sau214pi51〕尷尬。③〔sau51〕山藥。④〔san51〕挑東西時兩頭很得力。⑤〔sua35〕把東西成串地抓下來。⑥〔suai51〕形容人很老實。⑦〔suo35〕蛇走時的動作、滑過、慢。⑧〔suəi35〕人很沮喪。

[tɕ]	i	y	ia	iɛ	iau	iəu	iaŋ	iən	yɛ	io	iai	un	iuŋ
55	機		家		交		江	今				軍	
35	雞		加	煎	教焦	揪	姜	筋斤	絕決				弓
25	幾擠	舉	假	姐剪		酒幾韭	講	緊井	卷卷	③	④		
214	記	鋸句據	嫁	件見	嚼	舊舅救	匠強①	進靜勁近	圈			菌	
51	急級		甲夾	接結		局菊橘			②	腳角			

注：①〔tɕiaŋ214〕稀泥。②〔tɕyɛ51〕罵人。③〔tɕio25〕很喜。④〔tɕiai25〕雞蛋，布依語借詞。

[tɕ']	i	y	ia	iɛ	iau	iəu	iaŋ	iən	yɛ	un	iuŋ
55					悄				缺		窮
35		蛆		牽千簽		秋③	槍	清青親輕	圈		
25	起	取娶	①	淺	巧		搶	請			
214	氣	砌		欠	翹		嗆像	侵	勸		

續表

51	七吃騎齊		②	茄錢前	橋蕎	球求	牆	勤晴	全	群裙

注：①〔tɕ'ia²⁵〕指拇指與食指之間的距離。②〔tɕ'ia⁵¹〕跨。③〔tɕ'iʔu³⁵〕形容女孩子很張揚。

[ɕ]

	i	y	ia	iɛ	iau	iəu	iaŋ	iən	io	yɛ	un	iuŋ
55	西	嘘		些先		修	鄉箱	新心星				
35	希		①	②		羞	香	辛		③	熏	凶兄胸
25		許		寫	曉小		想	醒		選		
214	細戲洗婿		下	縣現線笑	孝	繡秀繡		姓信			馴	
51	吸席		夏瞎	嫌閑				形	學削	雪血		熊

注：①〔ɕiɛ³⁵ kan²⁵〕剛剛。②〔ɕiau³⁵〕趕走。③〔ɕyɛ³⁵〕推。

[t]

	a	i	u	ai	ei	au	əu	an	ən	aŋ	ia	iɛ	iau	iaŋ	iən	uo	uəi	uan
55							兜		登									
35		①				刀	逗	單耽	燈	當	④	癲	刁	⑥	叮釘		堆	端
25	打	底	賭堵	②		倒	斗	膽	等	擋		點			頂	躲	⑧	短
214	大	地第弟	肚	代戴貸		到倒	豆	蛋	凳順燉			電店墊	掉調		定	剁	兌隊對	斷段
51	答沓搭	滴	毒讀		德得③						⑤	跌疊				⑦		

注：①〔ti³⁵〕對父親的稱呼。②〔tai²⁵〕拉扯。③〔tei⁵¹tsʅ²¹⁴〕故意。④〔tia³⁵〕對父親的稱呼。〔tia⁵⁵tia⁵⁵〕爺爺。⑤〔tia⁵¹〕掉。⑥〔tiaŋ³⁵〕撐。⑦〔tuo⁵¹〕插。⑧〔tuəi²⁵〕收集貨物。

[t']

	a	i	u	ai	ei	au	əu	an	ən	aŋ	ia	iɛ	iau	iən	uo	uɛi	uan
55					特							天					團
35	他它	梯				掏	偷	癱	吞	湯			挑	聽	托		推
25	她		土			討	抖	坦				舔					
214		剃替	兔①	太		②套	透	歎碳	④	趟			跳			褪	
51	踏塌塔	踢	塗圖禿	抬苔台		堂桃③	頭	談壇	謄藤	糖塘		填田甜貼	條	停	脫馱		

注：①〔t'u^{214}〕拽。②〔t'au^{214}〕絆倒。③〔t'au^{51}〕捆綁。④〔t'ən^{214}〕推讓。

[l]

	a	i	u	ai	uei	au	əu	an	ən	aŋ	ia	iɛ	iau	iən	iaŋ	iɛn	uo	uŋ	uan
55										⑤									
35	拉		奶		②	撈			④			⑩		綹				聾	
25		禮	努挎		壘鋁侶儡	老		懶	冷	⑥	舔	臉⑪	柳		兩		⑭	隆	卵暖
214			露路	癩癩耐①	累類淚	鬧	漏	爛	論嫩	浪⑦	⑧	練⑫	料		亮	另	糯擦	弄	亂
51	臘蠟辣邋	立梨力	六	來	雷③	牢	樓	藍攔男南	棱能輪	狼	⑨	裂連	⑬	留	梁糧晾涼	靈林淋	落烙羅樂	籠農龍	鶯

注：①〔lai^{214}〕燙。②〔luei^{35}〕追。③〔luei^{51}〕（搗碎辣椒等用的）鉢。④〔lən^{35}〕用手搓。⑤〔laŋ^{35}〕什麼事都不做四處亂走。⑥〔laŋ^{25}〕使……分布均勻。⑦〔laŋ^{214}〕即晾。⑧〔lia^{214}ka^{214}〕形容人懶。⑨〔lia^{51}〕拖拉、慢、掉下來。⑩〔lie^{35}〕笑嘻嘻（臉皮厚）。⑪〔lie^{25}〕撿。⑫〔lie^{214}〕割、熬。⑬〔liau^{51}〕用水煮除去味。⑭〔luo^{25}〕哄騙。

[ʐ]	u	ei	au	an	ən	aŋ	ua	uŋ	uan	un
55								絨		
35		惹								
25				染	忍		②		軟	
214			繞		認	讓				潤
51	入如肉①	熱	饒	然燃	人	瓤	③			

注：①〔ʐu^{51}〕亂放、蹂躪。②〔ʐua^{25}〕果實密集而結。③〔ʐua^{51}〕雙手搓。

[ɬ]	i	ia	iɛ	iau	iəu	iaŋ	iuŋ
55						娘⑨	
35			捏③		⑥	孃	⑫
25	你	粘①	碾攆④	鳥	⑦	⑩	
214	膩		念	尿	扭⑧	釀	
51	泥尼	②	孽年⑤		牛	⑪	⑬

注：①〔ɬia^{25}〕飯很黏。②〔ɬia^{51}〕飯很爛。③〔ɬiɛ^{35}〕用手指夾住。④〔ɬiɛ^{25}〕趕走。〔ɬiɛ^{25}〕膩。⑤〔ɬiɛ^{51}〕拿。⑥〔ɬiəu^{35}〕掐。⑦〔ɬiəu^{25}〕把衣服上的水弄乾。⑧〔ɬiəu^{214}〕松。⑨〔ɬiaŋ^{55} mo^{35}〕媳婦。⑩〔ɬiaŋ^{25}〕膩。⑪〔ɬiaŋ^{51} iaŋ^{51}〕奶奶。⑫〔ɬiuŋ^{35}〕起皺。⑬〔ɬiuŋ^{51}〕渾水。〔ɬiuŋ^{51} ŋiɛ^{51}〕熱情。

三、布依語對漢語方言音系的影響

多樂村通用漢語和布依語，漢語本是外來語，但經過幾百年的民族融合、交流，漢語逐漸占主導地位。布依語和漢語是有發聲學關係的親屬語，存在不同時期的同源詞和借詞。就同源詞而言，布依語的形式較古舊，漢語方言偏新，如心〔sɐm^{24}〕[5]／〔ɕiən^{55}〕（多樂村漢語方言）。就

借詞而言，是雙向而非單向的，多樂村漢語方言也有來自布依語的借詞，如雞蛋〔təɐi³⁵〕[5]／〔tɕiai³⁵〕（多樂村漢語方言）。

　　布依語對多樂村漢語方言的影響主要表現在聲調上。羊場布依話有舒聲六調，即〔35〕、〔11〕、〔13〕、〔31〕、〔33〕、〔53〕，促聲二調，各分為二，即〔33〕、〔35〕和〔53〕、〔11〕[6]，聲調系統比漢語複雜。多樂村漢語方言的聲調也很複雜，它的陰平分〔55〕、〔35〕二調，並非與聲母清濁的有關（即古清聲母為一類，古濁聲母為一類）。據少數民族語言中漢語借詞聲調方面的普遍規律[7]：早期借詞同調類對應，現代借詞則調值相同或相近的對應[7]，我們認為漢語方言中的少數民族語言借詞也存在類似的現象。就多樂村漢語方言與布依語接觸的特例而言，多樂村漢語方言的陰平中的〔35〕是明清以來受布依語的影響而產生的，存在著調值相同或相近的對應。多樂村方言陰平中的〔55〕是當地漢語村民的本調，〔35〕與布依語的接觸有關。布依語的第一、三調和部分第七調是升調，在漢語與布依語的幾百年的接觸和融合中，多樂村漢語方言的陰平中的〔35〕，或從布依語中借入，如古清聲母的陰平字「街」〔kai³⁵〕「書」〔su³⁵〕，布依語分別讀〔ka：i²⁴〕〔sω²⁴〕；[5]或是受布依語的類化而產生的；或與語流音變有關。

　　布依語對多樂村漢語方言的影響也表現在聲母上。貴州布依語分黔南、黔中、黔西三個土語區，獨山屬黔南第一土語區，第一土語有顎化的聲母〔pj〕、〔mj〕[6]，即三四等字的聲母顎化。多樂村漢語方言也有類似的現象，如〔n〕、〔l〕不分，但中古泥母的一等字讀〔l〕，三四等字讀〔ɭ〕（〔lj〕），洪音和細音的聲母也有分層的情況。

四、結論

多樂村漢語方言音系的主體是西南官話，如入聲字大多讀陽平，但也有自己的特點，如中古山攝、咸攝的開口細音舒聲字，韻尾〔n〕丟失，主元音變為〔ε〕；而洪音及合口舒聲字，韻尾〔n〕不丟失；中古麻開三、歌開一、戈合一和部分入聲字讀〔ei〕，增加韻尾〔i〕。它的底層是湘贛語，湘語如泥母細音和娘母讀〔ȵ〕[8]；贛語如影疑母開口一二等字聲母混同[9]；少數方言詞是其殘留，家讀〔ka⁵⁵〕、（等一）下讀〔ɣa²¹⁴〕等；但整體上不反映方言湘贛語的特點，如古全濁聲母的平送仄不送分得很清楚。它受到布依語的影響，如陰平中的〔55〕是本調，而〔35〕或從布依語借入，或類化產生。受布依語顎化聲母（pj、mj、ȵ）[6]的影響，多樂村方言的洪音和細音的聲母也有分層的情況，如〔l〕和〔ȵ〕（〔lj〕）。

參考文獻

〔1〕中國社會科學院語言所，澳大利亞人文科學院.中國語言地圖集〔M〕.香港：朗文（遠東）出版有限公司，1987.

〔2〕貴州省地方志編纂委員會.貴州省志·漢語方言志〔M〕.北京：方志出版社，1998.

〔3〕李藍.西南官話的分區（稿）〔J〕.方言，2009，（1）.

〔4〕劉光亞.貴州省漢語方言的分區〔J〕.方言，1986，（3）.

〔5〕吳啟祿等.布依漢詞典〔M〕.北京：民族出版社，2002.

〔6〕喻翠容.布依語簡志〔M〕.北京：民族出版社，1980.

〔7〕曾曉渝.侗臺苗瑤語言的漢借詞研究〔M〕.北京：商務印書館，2010.

〔8〕袁家驊.漢語方言概要〔M〕.北京：語文出版社，2001.

〔9〕王福堂.漢語方言語音的演變和層次〔M〕.2 版.北京：語文出版社，
2005.

（原載於《黔南民族師範學院學報》2014 年第 1 期）

莫話使用情況調查與思考

——以播堯鄉地莪村為個案

安曉茜

一、概況

（一）調查點介紹

播堯鄉，位於貴州省荔波縣西北部，一九九一年由播堯、地莪、覺鞏三鄉合併而成。全鄉轄地莪村等十九個行政村一五〇個村民小組四四三〇戶一點八萬餘人。布依族人口占總人口的百分之九十七點七，其次還有苗族和侗族人口（語言上大部分已轉用布依語），水族、壯族和漢族人口零散分布。地莪村位於播堯鄉東部，東與水豐村接壤，南與聯江村毗鄰，西與覺鞏村連接，北與梅桃村交界。村委會距鄉政府十二千米，玉播公路橫穿其村中心並直達縣城，距小七孔景區十多千米，距獨（獨山）荔（荔波）公路二十多千米，距貴新高等級公路三十多千米，交通十分便利。全村轄三十二個村民小組八四五戶三八四〇餘人。[1]

（二）調查點語言

播堯鄉是布依族莫話使用群體的聚居區，莫話是自稱「艾瑪」和「艾甲姆」的貴州省黔南布依族苗族自治州荔波縣、獨山縣的部分莫姓、吳姓布依族人所

1　以上資料由地莪村村民委員會提供。

說的一種語言。該語言從音系特徵上來看比較接近侗水語支語言，又與壯傣語支語言特別是布依語有密切關係。莫話使用人口有三萬多人，居住地與使用布依語的布依族人分布地呈現交叉狀態，其中以荔波的方村、播堯、甲良地區最為集中。而播堯鄉地莪一帶自稱為「艾甲姆」的吳姓布依族人使用的一種語言，李芳桂先生等稱之為「甲姆話」，它與莫話很相似，作為母語使用人數有三千多人，至於其內部差異是否達到方言之間的區別，還有待進一步研究，為行文方便，本文暫將甲姆話也稱為莫話。[1]

地莪村百分之八十村民是布依族人，其中包括說布依語的布依族人和說莫話的布依族人。說莫話的布依族人主要分布在太陽、弄邁、更方、更正、把查、魚村、昔村、甲雷等組，漢族人主要分布在地莪組、地脈二組，苗族人分布在田灣、洞括、攏望，水族人主要分布於地脈一組、拉棒、巴腳等自然村寨組。地莪村各族居民都有自己的民族語言，同時絕大多數人兼用漢語。布依族是該村人口最多的民族，莫話保存完好，在很多場合起到族際語的作用。地莪村的黨支部書記吳永飛告訴我們，隨著村新開發集鎮——地莪村移民新市場的開闢，水族、苗族將和布依族可以有更多的接觸和交流，莫話的使用機會將會更多。

莫話有其特殊性。為了解地莪村村民的語言使用、語言態度，進而探討語言關係和族群認同的形成，以及如何在民族大聚居零散雜居的社區構建和諧的語言生活和社會生活，二〇一一年七月十五日，我們對該村不同民族的居民進行了不同類型的田野調查。選取該村七十位村民作為調查對象，調查過程中主要採用觀察法、抽樣調查、問卷調查和重點訪談等形式，從而較深入地了解貴州省荔波縣播堯鄉地莪村語言使用的總體情況，

本文根據重點訪談和調查問卷資料寫成。

（三）調查點情況

在地莪村，我們一共發放問卷七十份，其中收回有效問卷六十五份，有效率為百分之九十二點八六。調查對象相關資訊如表 1、表 2 所示。

表1　性別、年齡、民族成分分布表

指標	性別		年齡			民族成分			
	男	女	10～19	20～49	>50	布依	水	侗	苗
人數	39	26	14	30	21	56	5	3	1
百分比	60%	40%	21.54%	46.15%	32.31%	86.15%	7.69%	4.62%	1.54%

表2　職業、文化程度分布表

指標	職業					文化程度					
	在家務農	學生	幹部	商人	教師	未上過學	小學	初中	高中	中專	大專
人數	44	14	2	2	3	9	26	21	3	4	2
百分比	67.69%	21.54%	3.08%	3.08%	4.61%	13.84%	40%	32.31%	4.62%	6.15%	3.08%

問卷中男女性別比例比較均衡，年齡一欄顯示此次被調查者以青壯年居多。十歲以下孩童因尚不能完全表達自己的語言態度，所填問卷不計入有效問卷內。

二、語言使用

（一）語言使用情況

調查資料顯示，百分之七〇點七七的村民認為自己的莫話非常流利，

百分之十二點三一的村民認為比較流利或一般，可見莫話是該村的主要交際語言。資料還顯示，絕大多數調查對象都是雙語人或多語人，百分之九十六點九二的人都會講兩種及兩種以上的語言，懂漢語方言的人占絕大多數，但程度不一樣；而普通話只有八人會講，有五人會講水語，一人會講侗語，在調查對象中沒有人會講苗語。

（二）語言掌握情況

調查問卷共設置了四個問題來了解地莪村村民的語言掌握情況，一是莫話水準如何；二是村民最先學會的語言是否為莫話；三是被調查者現在能用哪幾種語言與人交談；四是幾歲學會了漢語方言。語言掌握情況如表3、表4所示。

表 3　地莪村居民莫話掌握程度

指標	非常流利	比較流利	一般	會説日常用語	聽得懂不會説	聽不懂	未選
人數	46	7	1	3	1	6	1
百分比	70.77%	10.77%	1.54%	4.61%	1.54%	9.23%	1.54%

在「非常流利」的四十六人中，布依族有四十一人，三十四人稱莫話為其母語，另外水族有四人，侗族有一人。在被調查者中有四人表示聽不懂莫話，這四人均為十幾歲的小學生，且母語均不是莫話。

表 4　學會漢語方言的時間

指標	跟莫話同時	上學以前	上學以後	十歲以後	未選
人數	7	14	34	7	3
百分比	10.77%	21.53%	52.31%	10.77%	4.62%

同時學會漢語跟莫話雙語的人有七人，在上學以前通過外界交流和媒體影響學習漢語的人有十四人，超過一半以上的被調查者是在上學以後通過學校的雙語教育才學習漢語的，這部分人的母語均為莫話。而十歲以後才開始學漢語的被調查者年齡均大於五十歲，其中一位村民表示他二十世紀八〇年代時才開始學習漢語，之前在家裡和村裡一直使用莫話。

（三）家庭語言使用

家庭語言使用情況如表 5 所示。

表 5　家庭語言使用情況

指標	與母親交流	與父親交流	與爺爺奶奶交流	與丈夫／妻子交流	與子女交流
莫話	54	56	54	43	35
漢語方言	10	8	9	7	12
普通話	1	1	1	0	1
未選	0	0	1	15	17

資料反映出兩個特點：一是雖然地㽞村村民大多掌握兩種或兩種以上語言，但莫話是大多數家庭的主要交際語。從語言使用的歷時狀況看，家庭內的三代人之間的交際語也沒有明顯變化。二是在地㽞村，普通話幾乎沒有進入家庭。雖有一名調查對象表示使用普通話，但它並不充當基本交際語，其親屬仍然使用莫話或漢語方言與之交談。

（四）社區語言使用

這部分共四個問題：一是在村裡跟本民族人交流經常使用的語言；二是在村裡跟其他民族的人交流經常使用的語言；三是到別的村寨跟本民族

人交流常用的語言，四是到別的村寨和其他民族人交流常用的語言。社區語言使用情況如表 6 所示。

表 6　社區語言使用情況

指標/語言	村裡跟本民族	村裡跟其他民族	村外跟本民族	村外跟其他民族
莫話	52	12	44	11
漢語方言	11	44	15	48
普通話	1	4	1	1
其他語言	0	2	2	1
未選	1	3	3	1

可以看出，在布依族的村寨中，村內對話基本都說莫話，而去其他民族村寨時漢語方言成為主要交際語言。

三、語言態度

由於地莪村為莫話使用群體聚居村寨，為了更好地說明使用群體的語言態度，我們只針對以莫話為母語的使用群體做資料分析。

（一）對語言功能的評價

對語言社會交際功能的認同如表 7 所示。

表 7　對語言社會交際功能的認同

指標／語言	自己最熟悉	跟家人交流最方便	本地趕集最方便	學校與同族學生交流最方便（N=12[①]）	外地打工與老鄉交流最方便（N=16[②]）
莫話	35	36	15	7	8
漢語方言	4	3	19	2	6

續表

指標／語言	自己 最熟悉	跟家人交 流最方便	本地趕 集最方便	學校與同族學生交流最 方便（N=12①）	外地打工與老鄉交流最 方便（N=16②）
普通話	1	0	4	3	2
其他語言	0	1	1	0	0
未選	2	2	3	0	0

　　說明：①該問題僅針對母語為莫話的在校學生，N=12。②該問題僅針對母語為莫話有外出打工經歷者，N=16。

　　百分之八十三點三三的被調查者認為自己最熟悉莫話，在生活領域使用起來也最為方便。特別是家庭內部，超過百分之八十五點七一的人選擇使用莫話。但在集市上，選擇用漢語方言交流最方便的人數和選用莫話的人數大體相當。對於普通話僅一人認為自己最熟悉，但當我們用普通話與之交談時，發現他完全不說普通話。至於「覺得在學校與同族學生交流最方便的是什麼語言」和「覺得在外打工時與老鄉交流使用什麼語言最方便」，只有在校學生和有外出打工經歷的人分別回答了這兩個問題。他們認為見什麼人說什麼語言是最方便的。可見村中年輕一代的兼語人的語碼轉換能力好。

（二）對轉用漢語的評價

　　對改用漢語的行為傾向認同如表 8 所示。

表 8　對改用漢語的行為傾向認同

指標／態度	A1	A2（N=30①）	A3（N=23②）	A4
很反感	1	1	1	2
有點不舒服	7	2	2	6

續表

指標／態度	A1	A2（N=30①）	A3（N=23②）	A4
很自然	11	12	10	18
也跟著改用漢語	12	6	5	5
沒有這種情況	11	9	5	11

說明：

A1：「在外地跟本民族同胞交流時，對方改用漢語，會覺得」；A2：「子女上學回家用漢語跟你交流，會覺得」；A3：「子女從外地打工回家跟你用漢語交流，會覺得」；A4：「村裡有人外出當兵、工作、打工回家完全改說漢語，會覺得」。

①該問題僅針對母語為莫話且有子女者，N=30。②該問題僅針對母語為莫話且有子女在外地或子女曾經在外地打工者，N=23。

地莪村的村民希望自己的孩子能夠好好學習莫話，這樣可以保證莫話不會失傳。但是在現代社會僅僅掌握莫話又不能夠很好地適應社會發展的需要，為了孩子更好地與外界交流，將來可以找一份好工作，村民對轉用漢語的態度是：很有幫助。[2] 這部分人占百分之四十二點八六。而且大部分被調查者表示：孩子應該在條件允許的情況下儘量多學習漢語及其他語言。他們對漢語的包容態度，說明這是一個語言較為開放同時漢語兼用度很高的村落。當然也有少部分人表示對轉用漢語會有點不舒服，因為他們對莫話的感情很深厚。

四、結語

從人口比例、婚姻狀況和地理環境來看，地莪村多數村民雖是雙語或多語人，但無論是家庭內部三代人之間，還是在不同社會交際場合，最常用的是莫話。布依族人口比例大，所以莫話是當地的主要交際語言不足為

奇。荔波縣共同交際語漢語方言並不是地莪村的優勢語。地莪村的地理位置靠近城鎮且交通便利，這裡的布依族與水族、苗族等交往比較頻繁，加之拉棒組有百分之八十是水族人，太陽組有百分之二十漢族人與布依族人雜居，語言兼用和轉用現象時有發生。

　　莫話使用群體對其語言的態度有差異。他們掌握普通話的程度並不是很高，在同一場合針對不同交際對象使用普通話也很有限，但對學校教學使用普通話的認同程度卻很高。多民族地區的多語發展、普通話推廣、社會發展和科技進步等方面存在著不一致不適應的地方。如何發展區域間的民族和諧，成為目前需要十分關注的課題。因此，採取積極的措施來促進民族地區語言和諧具有十分重要的意義。

◗ **參考文獻**

〔1〕楊通銀.莫語研究〔M〕.北京：中央民族大學出版社，2000.

〔2〕周國炎.布依族語言使用現狀及其演變〔M〕.北京：商務印書館，2009.

（原載於《黔南民族師範學院學報》2014 年第 1 期）

車江侗語量詞的基本語法特徵和句法功能

王俊芳

　　侗語是漢藏語系壯侗語族侗水語支的一個語種。侗語中的量詞豐富多彩，按其性質、意義和用法特點可分為名量詞和動量詞兩大類。車江鄉地處貴州省黔東南苗族侗族自治州榕江縣，車江侗語屬於侗語南部方言第一土語區語言，車江鄉章魯村是侗語標準音所在地。本文以車江侗語為考察對象，具體分析侗語量詞的基本語法特徵和句法功能。

一、車江侗語量詞的分類

　　量詞是表示事物類別或動作的計量單位的詞。車江侗語中的量詞可分為名量詞和動量詞兩種。

（一）名量詞——表示人或事物的計量單位

名量詞又分專用量詞和借用量詞。

1. 專用量詞

ʔam³¹「塊」、tɕak³¹「個」、ʔoŋ⁴⁵「棵」、nat⁴⁵「顆」、tɕan⁴⁵「斤」、kəu⁵³「對」、mai³¹「件」等。

2. 借用名詞和動詞充當名量詞

（1）借自名詞：pəi⁴⁵「杯」、man⁴⁵「天」、ta：u⁴⁵「鍋」、ʔoŋ⁵³「缸」、kwa：ŋ³²³「碗」、ɕik¹³「尺」等。

（2）借自動詞：ta：p^{323}「挑」、ʔun^{45}「捆」、hoŋ^{33}「封」、sot^{13}「鏟」、khap^{35}「疊」等。

3. 車江侗語裡有些名量詞使用範圍很廣泛，但也還是只能作固定地表示某一種同類事物的計量單位的詞。

（1） muŋ^{31} 和 tu^{212} 是表示人和動物的計量單位的詞。例如：

ja^{212} muŋ^{31} 兩個（人）　　　　muŋ^{31} na：i^{33} 這個
　兩　位　　　　　　　　　　　位　　這

məi^{31} muŋ^{31} 每個　　　　　　　muŋ^{31} tɕa^{53} 那個
　每　位　　　　　　　　　　　位　　那

tu^{212} ŋwa^{35} 一條狗　　　　　　tu^{212} sui^{212} 一條蛇
　隻　狗　　　　　　　　　　　條　　蛇

　tu^{212} ŋu^{453} 一頭豬　　　　　tu^{212} pət^{45} 一隻鴨
　頭　豬　　　　　　　　　　　隻　　鴨子

（2） tɕiu^{212}、mən^{45}、tɕau^{33}、kau^{53} 等名量詞用途廣泛，分別表示事物的計量單位。例如：

tɕiu^{212} mai^{31} 一棵樹　　　　　tɕiu^{212} pjam^{45} 一根頭髮
　根　樹　　　　　　　　　　　根　　頭髮

tɕiu^{212} ʔa：ŋ^{45} 一根線
　根　線

mən^{45} na：i^{33} 這些　　　　　　mən^{45} ja：u^{212} 我的
　些　這　　　　　　　　　　　些　　我

mən⁴⁵ ma：u³³ 他的

些　　他

tɕau³³ ɕo³³ 一雙筷子　　　　　　　　tɕau³³ xa：i²¹² 一雙鞋子

雙　　筷子　　　　　　　　　　　雙　　鞋子

tɕau³³ tha：u⁴⁵³ 一雙襪子

雙　　襪子

kau⁵³ tɕap⁴⁵ 一對耳環　　　　　　　kau⁵³ ʔin³⁵ 一對鐲子

對　　耳環　　　　　　　　　　　對　　鐲子

kau⁵³　la：k³¹ 一雙兒女

對／雙　孩子

(二) 動量詞——表示動作行為的計量單位

車江侗語中動量詞有 ta：u⁵³ （趟）、ha³⁵ （會兒）、 ɕon³³ （回）、tɕa：ŋ³²³ （步）等。例如：

ja²¹² ta：u⁵³ 兩次　　　　　　　　　ja²¹² ɕon³³ 兩回

二　　次　　　　　　　　　　　二　　回

ha³⁵　laŋ³¹　ma³⁵ 一會兒就來

會兒　立刻　來

ji⁴⁵ ȵop¹³ ʔau³¹ 一撮米

一　抓　米

ji⁴⁵ tɕa：ŋ³²³ 一步　　　　　　　　　ji⁴⁵ sot²¹² 一鏟

一　步　　　　　　　　　　　　一　鏟

二、車江侗語量詞的基本語法特徵

（一）具有區分類別的作用

和壯侗語族其他語言一樣，車江侗語具有豐富的量詞，其中一些名量詞除了具有一般名量詞的用法外，還有表示事物類別的作用。類別量詞是主要用以概括同類事物的計量單位。例如：$muŋ^{31}$ $ȵən^{21}$「（一個）人」，$muŋ^{31}$ $ʔek^{212}$「（一位）客人」，$muŋ^{31}$ $tɕan^{31}$……；tu^{212} lje^{323}「（一隻）羊」，tu^{212} $kwɛ^{212}$「（一頭）水牛」；$ʔoŋ^{45}$ ma^{45}「（一棵）菜」，$ʔoŋ^{45}$ mai^{31}「（一棵）樹」等。$muŋ^{31}$「位」「個」只用於人，是專指人的類別量詞；tu^{212}「隻」用於動物，是表示除人以外的動物的類別量詞；而 $ʔoŋ^{45}$「棵」是用於植物的類別量詞。

侗語中還有一些量詞的類別作用很強，通常同類事物中的某一事物只能與某一特定量詞搭配。如 $muŋ^{31}$「位」適用於成年的男女，而 $la:k^{31}$「名」則適用於兒童。

（二）與數詞、指示代詞結合構成數量詞組、指量詞組

例如：

$sa:m^{35}$ $ta:u^{13}$ 三次			$ŋo^{31}$ tu^{212} 五隻	
三	次		五	隻
$muŋ^{31}$ $na:i^{33}$ 這個			tu^{212} $tɕa^{53}$ 那隻	
個	這		隻	那

（三）重疊，一般是「AA」式，表示「每一」的意思

例如：

muŋ³¹ muŋ³¹ 每一個　　　　　　ja：n²¹² ja：n²¹² 每一家

個　　個　　　　　　　　　家　　家

ta：u⁵³ ta：u⁵³ 每一次　　　　pa：k³²³ pa：k³²³ 每一句

次／趟　　　　　　　　　　口／句

tɕa：ŋ³²³ tɕa：ŋ³²³ 每一步　　　ta：p³²³ ta：p³²³ 每一擔

步　　步　　　　　　　　　擔　　擔

由數詞和量詞組成的數量短語也可以重疊，組成「-A-A」式，表示「多」或按次序進行。例如：

ji⁴⁵ ta：u⁵³ ji⁴⁵ ta：u⁵³ 一趟一趟

一　次／趟

ji⁴⁵ pa：k³²³ ji⁴⁵ pa：k³²³ 一口一口

一　口／句

ji⁴⁵ muŋ³¹ ji⁴⁵ muŋ³¹ 一個一個

一　個／位

ji⁴⁵ khap³⁵ ji⁴⁵ khap³⁵ 一疊疊

一　疊

此外，重疊的動量詞也能修飾動詞。例如：

pa：i⁴⁵ sa：m³⁵ ta：u⁵³ <u>ta：u⁵³ ta：u⁵³</u> təm⁴⁵ ma：u³³ 去三次每次都遇著他

去　三　　次　次　　次　遇見　他

tɕaːŋ³²³ tɕaːŋ³²³ tɕhaːm¹³ tɕha⁴⁵³ 步步登高

步　　　步　　　走　　　上

（四）單獨與名詞、人稱代詞、疑問代詞、動詞、形容詞等組合

例如：

muŋ³¹ ȵən²¹² 人，tu²¹² te³²³「下面的那隻」，tɕak³¹ jaːu²¹²「我的」，ʔoŋ⁴⁵ maːŋ²¹²「什麼植物」，tu²¹² pən³²³「飛的動物」，muŋ³¹ tham⁵³「矮個的」。

（五）量詞與其他詞類的搭配及其語序

1. 與數詞構成數量短語

這種語序有以下兩種情況。①如果是基數詞，那麼語序是：基數詞＋量詞，例如 ji⁴⁵ kəu⁵³「一對」，ja²¹² taːu⁵³「兩次」。②如果是帶詞頭 tɕi³³ 的序數詞，那麼語序是：量詞＋序數詞，如 ʔen⁴⁵ tɕi³³ ȵi³³「第二間」，ʔoŋ⁴⁵ tɕi³³ saːm³⁵「第三棵」。

2. 與指示代詞構成指量詞組

語序是：量詞＋指示代詞，如 tu²¹² naːi³³「這隻」，muŋ³¹ tɕa⁵³「那個（人）」。

3. 與數詞、名詞搭配

語序也分兩種。①如果數詞為基數詞，那麼語序為：數詞＋量詞＋名詞，例如 ja²¹² muŋ³¹ ȵən²¹²「兩個人」，saːm³⁵ tu²¹² pət⁴⁵「三隻鴨子」。②如果是帶 tɕi³³ 的序數詞，那麼語序為：量詞＋名詞＋序數詞，如

ʔoŋ⁴⁵ mai³¹ tɕi³³ ŋo³¹「第五棵樹」，tu²¹² pət⁴⁵ tɕi³³ sa：m³⁵「第三隻鴨子」。

4. 與數詞、名詞、指示代詞搭配

語序是：數詞＋量詞＋名詞＋指示代詞。如果數詞為「一」，則可以省略，例如（ji⁴⁵）nat⁴⁵ ta：ŋ²¹² na：i³³「這（一）顆糖」，ja²¹² tu²¹² ʔa：i⁵³ tɕa⁵³「那兩隻雞」。

（六）具有使動詞和形容詞名詞化的作用

車江侗語名量詞能放在動詞和形容詞之前，使之名詞化。例如：

tu²¹² pən³²³ 飛的動物　　　　muŋ³¹ li³¹ 年輕人
只　　飛　　　　　　　　　　個　　嫩的
muŋ³¹ nəi⁵³ 小孩　　　　　　muŋ³¹ ma：k³²³ 大人
個　　小的　　　　　　　　　個　　大的
muŋ³¹ la：u³¹ 老人、年長者
個　　老的
ʔoŋ⁴⁵ ja⁴⁵³ 紅的植物
棵　　紅的

三、車江侗語量詞的句法功能

車江侗語量詞可與數詞、名詞、代詞、動詞結合，構成「數—量」、「數—量—名」、「量—名」、「量—代」、「量—名—代」等結構後才能充當主語、賓語、定語、狀語等成分。但在特定條件下，車江侗語量詞也可以單獨作主語、謂語、定語和狀語。

（一）「數—量」結構

可充當主語、賓語、定語、補語等成分，但「數—量」結構必須是量詞重疊（表示「每一」的意思）或是「數—量」重疊，在陳述句中才可以充當主語。例如：

nat⁴⁵ nat⁴⁵ lət³⁵ tok⁴⁵ lui³³ ma³⁵ ja：ŋ³¹

顆　顆　都　落　下　來　了

（樹上的）果子全都落下來了（主語）

ji⁴⁵ muŋ³¹ ji⁴⁵ muŋ³¹ lət³⁵ ɕok³⁵

一　個　一　個　都　喜歡

人人都喜歡（主語）

ma：u³³ ta：p³²³ ji⁴⁵ ta：p³²³，ja：u²¹² ta：p³²³ ja²¹² ta：p³²³

他　　　挑　一　挑，　　我　挑　兩　挑

他挑一擔，我挑兩擔（賓語）

ja²¹² tu²¹² kwɛ²¹² kok³²³ tɕəi³²³ tɕa³³

兩　隻　水牛　剛　買　那

剛買的那兩頭水牛（定語）

ʔa：i⁵³ jan⁴⁵ sa：m³⁵ ta：u⁵³ la³¹

雞　啼　三　次　了

雞叫三遍了（補語）

ma：u³³ pa：i⁴⁵ tɕha：m¹³ ji⁴⁵ ta：u⁵³

他　去　走　一　趟

他去走一趟（補語）

ma：u³³ tɕha：m¹³ ləi³³ mjeŋ²¹² tɕa：ŋ³²³ laŋ³¹ ɕon⁵³ ja：ŋ³¹

他　　走　　了　一些　步　　就　回　　　了

他走了幾步就回來了（補語）

（二）「數—量—名」結構

可充當主語、賓語等成分。例如：

ja²¹² tu²¹² ŋu⁴⁵³ lət³⁵ ʔuk³²³ ma³⁵ ja：ŋ³¹

兩　　隻　　豬　　全　出　　來　　了

兩頭豬全都跑出來了（主語）

ji⁴⁵ tɕik³²³ nam³¹ si³³ mɛ²¹² ləi³²³

一　　滴　　水　　都　沒　　有

一滴水都沒有（主語）

ma：u³³ tɕhiu³⁵ ləi³³ ji⁴⁵ tɕau³³ xa：i²¹²

她　　繡　　了　一　雙　　　鞋

她繡了一雙鞋（賓語）

ma：u³³ phjɛ⁴⁵³ ji⁴⁵ pa：k³²³ kwa：n⁴⁵ to³³ ja：u²¹²

他　　送　　一　把　斧頭（趨向動詞）我

他送給我一把斧頭（賓語）

（三）「量—名」「量—代」「量—名—代」結構

可充當主語、賓語、狀語等成分。例如：

tu²¹² ʔaː iˁ³ maː k³²³ ta³³ tu²¹² ŋaː n³³

隻　雞　　大　　過隻　　鵝

雞比鵝大（主語、賓語）

mai³¹ ʔuk³²³ naː i³³ laː i⁴⁵ jak³¹

件　衣服　這　　好看

這件衣服好看（狀語）

jaː u²¹² sin¹³ muŋ³¹ tɕa⁵³ paː i⁴⁵ aː u⁴⁵ ma³⁵

我　　叫　個　那　去　要　　來

我叫那個人去拿來（賓語）

muŋ³¹ nən²¹² tɕa⁴⁵ jaː u²¹² mɛ²¹² wo³¹ mɛ⁴⁵

個　人　那　我　　不　　認識

那個人我不認識（主語）

（四）在特定的條件下，量詞也可以單獨作主語、謂語和賓語

例如：

muŋ³¹ tɕak³¹ muŋ³¹ tɕak³¹

位　　個　位　　個

（分果子），每人一個（主語、謂語）

ʔəp⁴⁵ maː u³³ ʔam⁴⁵ ləi³³ tɕak³¹

嘴　他　　含　有　個

他嘴裡含著一個（賓語）

量詞的廣泛使用，是漢藏語系語言的重要特徵之一。壯侗語族各語言量詞的產生已久，它的功能也漸趨完善。壯侗語族各語言中的量詞有很強的生命力，隨著社會的不斷前進，量詞也獲得了明顯的發展。本文嘗試性地對侗語的量詞進行了分析和探討，以期與壯侗語族內各語言量詞的特點進行橫向比較，從而推動學界對量詞的詞性、地位和作用等相關問題的研究。

參考文獻

〔1〕梁敏.侗語簡志〔M〕.北京：民族出版社，1980.

〔2〕楊漢基，張盛.簡明侗語語法〔M〕.貴陽：貴州民族出版社，1992.

〔3〕梁敏.壯侗語族量詞的產生和發展〔J〕.民族語文，1983（3）.

〔4〕李錦芳，李霞.居都仡佬語量詞的基本語法特徵和句法功能〔J〕.語言研究，2010（2）.

〔5〕康忠德.壯漢語量詞對比分析〔J〕.湖南科技學院學報，2008（10）.

（原載於《黔南民族師範學院學報》2015 年第 5 期）

彝語東部方言八堡話的是非疑問句

瞿會鋒

戴慶廈、傅愛蘭就藏緬語的是非疑問句進行過研究，並把藏緬語中的是非疑問句的語法形式分為詞綴式、重疊式、助詞式、反復式和選擇式五種手段。[1]八堡彝語裡的是非問句涉及三類問句：傳統的是非問句（包括重疊式和助詞式）、反復問句（即正反問句）和正反選擇問句（謂語為肯定否定相對的選擇問）。大部分語法研究者都認為：能用「是」或「不是」回答的疑問句叫是非問句。因此，對是非問句的判斷標準主要是能否用「是」或「不是」回答，或點頭搖頭進行回答。據我們的考察，傳統的是非問句和反復問句符合該標準，選擇問句中只有正反選擇問句符合這個判所標準。

一、八堡話是非疑問句的類型

（一）重疊式

1.重疊式的構成

在彝語中重疊謂語動詞是是非疑問句構成的最基本手段。重疊這種手段的運用，主要集中在謂語動詞是單音節的是非疑問句中，還有一部分較為特殊的雙音節名動兼類詞，直接重疊最後一個動詞性詞根就可以構成是非疑問句。例如：

（1）謂語動詞是單音節的是非疑問句

na^{31}你 ʐɯ^{33}去 ʐɯ^{33}去？（你去不？）

na^{31}你 lj^{31}來 ŋo^{33}我 na^{33}看 na^{33}看？（你來看我嗎？）

（2）謂語動詞是雙音節的是非疑問句

thi^{31}他 tɕhʊ^{33}歌 gʊ^{31}唱 gʊ^{31}唱？（他唱歌嗎？）

謂語動詞是雙音節的是非疑問句，只要重疊後一個詞根就表示疑問，「tɕhʊ^{33}gʊ^{31}」詞義為「歌（名詞）、唱歌（動詞）」，但「tɕhʊ^{33}gʊ^{31}」是由一個「名詞性的詞根 tɕhʊ^{33}＋動詞性詞根 gʊ^{31}」構成的名動兼類詞，只要重疊動詞性的詞根 gʊ^{31}就可構成是非疑問句。因此，只要雙音節的動詞構詞形式是「名詞性詞根＋動詞性詞根」，就可以直接重疊動詞性的詞根以構成是非疑問句。

2. 是非疑問句中的謂詞重疊

根據提問的部分不同，重疊的謂語部分也不同。如果是針對能願動詞部分提問，重疊的是能願動詞；如果是針對動詞核心提問，重疊的是核心動詞。例如：

（1）能願動詞重疊疑問句

thj^{31}他 tshɿ^{31}這 ko^{33}裡 li^{33}來 kʊ^{13}會 kʊ^{13}會？（他會不會來這裡？）

na^{31}你 ʐei^{13}thʊ^{55}睡覺 fei^{33}要 fei^{33}要？（你要不要睡覺？）

na^{31}你 li^{31}來 dʑʊ^{55}願意 dʑʊ^{33}願意？（你願意來嗎？）

（2）核心動詞重疊疑問句

na^{31}你 $\mathrm{z}\mathrm{w}^{33}$ 去 $\mathrm{z}\mathrm{w}^{33}$ 去？（你去不去？）

thi^{31}他 tɕhuʋ^{31} 歌 gʋ^{31} 唱 gʋ^{31} 唱 kʋ^{13}會？（他會唱歌嗎？）

（二）助詞式

彝語八堡話的疑問語氣助詞有 a^{31}、sa^{33}、ɛi^{31}。

a^{31} 表示的疑問程度最高，即說話人對於所提出的問題並沒有掌握任何有關的信息或背景知識，對答話人會做出肯定還是否定回答，說話人完全沒有預見。sa^{33} 和 ɛi^{31} 是表示推測的疑問語氣助詞，它們表示的疑問語氣相對較低。sa^{33} 是表示肯定預測的疑問語氣助詞，即說話人對於所提出的問題，自己掌握了一定的資訊或背景知識，對答話人的答話一般做肯定的預見。ɛi^{31} 也是表示推測的疑問語氣助詞，與 sa^{33} 不同的是，說話人對聽話人的答話一般傾向於否定的預見。在這裡應該說明的是，彝語八堡話的答句是問答關聯式[2]，也就是說，答句是以問句命題的真假為依據。我們所說的肯定的預見和否定的預見都是以問句命題的真假為依據的。

a^{31}：thj^{31}他 a^{31}ɲi^{31}昨天 ma^{31} 沒 li^{31} 來 a^{31} 疑問語氣？（他昨天沒有來嗎？）

na^{31}你 ɲi^{33}也 zɯ 去 a^{31} 疑問語氣？（你也去？）

thi^{31}他 ma^{31} 不 li^{31} 來 dʋ^{13} 了 a^{31} 疑問語氣？（他不來了？）

sa^{33}：thi^{31}他 tɕhʋ^{33} 歌 gʋ^{31} 唱 gʋ^{31} 唱 kʋ^{13} 會 sa^{33} 可能語氣？（他會唱歌吧？）

thi³¹他 a ³¹ ŋi³¹ 昨天 ma ³¹ 沒 li³¹ 來 sa³³ 可能語氣？（他昨天沒有來吧？）

ɛi ³¹：na ³¹ 你 gɯ⁵⁵ 往 so³³ hĩ³³ 學校 lɯ⁵⁵ 去 lɯ⁵⁵ 去 ɛi ³¹ 語氣？（你要不要去學校？）

該句表示說話人知道一般情況下聽話人「你」是去學校的，但是又有新情況導致聽話人有可能不去。如：na³¹你 pei⁵⁵thei⁵⁵ 跳舞 na³¹ 看 na³¹ 看 ɛi ³¹語氣？（你要看跳舞嗎？）該句表示說話人覺得答話人一般情況下是不看跳舞的。

（三）反復式

反復問句一般採用正反相疊謂詞的形式進行發問，也就是說採用正反選擇問的縮略形式。從類型學的角度看，選擇問句同是非問句關係密切，選擇問句可以看作是非問句的一個小類。但就漢藏語系的語言來說，語言學家們還是把選擇問句另列一類，而反復問句是選擇問句的縮略形式，可以看作是選擇問句和是非問句的過渡形式。[2]例如：

thi³¹他 so³³ hĩ³³教室 ko³³ 裡 ɛi³³ 坐 ndʑu³³ 願意 ma³¹ 不 ndʑu³³願意 ɛi ³¹語氣？（他願意不願意在教室待著？）

（四）選擇式

1.選擇問句的構成

一般來說，選擇問句由兩個並列的小句構成，並要求答話人做出一種選擇的問句。在不同的語言中，這兩個小句之間的連接方式往往不同。有的語言必須有連接詞，有的靠意義連接，有的兩者兼用。就八堡彝語來

說，兩個小句的連接要通過一個連接詞 no³³ 來實現。但是 no³³ 並不是一個起連接作用的連詞，而是附著於第一個小句句尾的表提頓和陳述的語氣詞。它是選擇問句不可或缺的構成要素。因此，我們可以把選擇問句的構成形式簡化為：

〔（小句＋no³³）＋小句〕＋疑問語氣。

例如：

na³¹ 你 sʊ³³ tɕhie³³ 麵條 dʑu³³ 吃 no³³ 呢 dʑʊ³¹ thu³³ 米飯 dzu³³ 吃？
（你吃麵條還是米飯？）
na³¹ 你 zu³³ ba³¹ 男孩 nei³³ 心 tʊ⁵⁵ 悦 no³³ 呢 nei³³ 心 ma³¹ 不 tʊ⁵⁵ 悦？
（你喜歡不喜歡男孩？）

以上兩個選擇問句並不都是是非問的選擇問句。第一句不能用點頭或搖頭作答，因此不是是非問的選擇問句，第二句可以用「點頭」或「搖頭」作答，因此是是非問的選擇問句。

2. 符合是非問的選擇問句

判斷是非問句的標準：能否用「是」或「不是」回答，或以點頭搖頭進行回答。根據這一標準，選擇問句中的「主語＋（賓語）＋V＋no³³，ma³¹＋V」格式屬於是非疑問句。例如：

na³¹ 你 so³³ hẽ³³ 學校 lɯ³³ 往 no³³ 語氣 ma³³ 不 lɯ³³ 往？（你去還是不去學校？）
lɯ³³ 去或 ma³¹ lɯ³³ 不去。（最恰當的是點頭或搖頭）

3.「主語＋（賓語）＋V＋no^{33}，ma^{31}＋V」的完整式

「主語＋（賓語）＋V＋no^{33}，ma^{31}＋V」的完整式是「主語＋（賓語）＋V＋no^{33}，主語＋（賓語）＋ma^{31}＋V」格式。選擇問句一般由兩個小句組成，兩個小句中相同成分上若存在相同詞語，則後一個小句就有可能承前省略相同的詞語，從而形成兩個小句共用一個詞語。由於選擇的需要，往往只突出一個相異之處作為選擇問句的疑問焦點。在選擇問句的兩個小句中，後一小句往往可以承前省略。

「主語＋（賓語）＋V＋no^{33}，主語＋（賓語）＋ma^{31}＋V」模式的省略，可分兩種情況：一是省略主語，二是省略主語和賓語。例如：

完整句：na^{31} 你 so^{33} hẽ^{33} 學校 lɯ^{33} 去 no^{33} 語氣，na^{33} 你 gɯ^{33} 去 so^{33} hẽ^{33} 學校 ma^{31} 不 lɯ^{33} 往？（你去學校呢，還是你不去學校？）

省略主語：na^{31} 你 so^{33} hẽ^{33} 學校 lɯ^{33} 往 no^{33} 語氣，（so^{33} hẽ^{33}）學校 ma^{31} 不 lɯ^{33} 往？（你去學校呢，還是不去學校？）

省略主語和賓語：na^{31} 你 so^{33} hẽ^{33} 學校 lɯ^{33} 往 no^{33} 語氣 ma^{33} 不 lɯ^{33} 往？（你去還是不去學校？）

二、彝語是非疑問句演變的途徑

戴慶廈、傅愛蘭考察了藏緬語族的十五種語言，認為：「因為選擇式在藏緬語裡具有普遍性，是一種較古老的語法形式，而且從認知角度看，是人類語言的一種普遍形式，其語法特點是正反兩個謂語分為兩個分句各

帶疑問助詞。」[1] 在漢藏語系中選擇問句是普遍的問句形式。儘管在其他語系中選擇問句是十分罕見的問句形式，但在其他語系中也存在選擇問句的形式，如 Kobon 語（一種巴布亞紐幾內亞語）和土耳其語。[3]

我們認為，選擇問句可以作為一種獨立的問句形式而存在。因為除了選擇問句中的「V＋conject＋neg＋V」形式外，其他的選擇問句是不能歸入是非問句的，它要求答話人選擇其中一個選擇項作為回答內容，不能用「肯定」「否定」或「點頭」「搖頭」來回答。例如：

na³¹ 你 ʑɯ³³ 去 nɔ⁴³ 語氣 ʋŋ³¹ 我 ʑɯ³³ 去（ŋɯ³³）是？

（你還是我去？）

na³¹ 你 ɖi³³ ɣej³³ 電視 na³³ 看 nɔ³³ 語氣，su³³ 書 thʋ³³ʑi³³ 紙 na³³ 看？

（你看電視還是報紙？）

na³¹ 你 ŋʋ³¹ 我 bu⁵⁵ 跟 ȵo³³ 好 nɔ⁴³ 呢 thi³¹ 他 bu⁵⁵ 跟球 ȵo³³ 好？

（你對我好還是對他好？）

以上例句都不能用「肯定」「否定」或「點頭」「搖頭」來回答，這些例句不屬於是非疑問句（選擇式），不同於是非問選擇問句。因此，我們把是非問的選擇問句看作一個獨立的問句，並認為是非疑問句演變的源頭為是非疑問句的選擇式，其途徑有二：

第一，選擇問句中的「V＋conject＋neg＋V」式→正反問「V＋neg＋V」式→正反問的縮略形式「V＋neg」→助詞式「V＋助詞」；

第二，選擇問句中的「V＋conject＋neg＋V」式→正反問「V＋neg＋V」

式→VV 式。

對於途徑一的演變路徑，漢語語言學研究者已經做了充分的研究。大部分學者認為，是非疑問句的語氣助詞「嗎」來源於正反問「V＋neg」中的「neg」。[4][5][6][7]

由於缺乏文獻材料，八堡彝語中的否定詞「ma³¹」和是非疑問句的語氣助詞「a³¹」「sa³³」「εi³¹」是否有聯繫有待進一步的考證。

途徑二：選擇問句中的「V＋conject＋neg＋V」式→正反問「V＋neg＋V」式→VV 式。彝語八堡話給我們提供了這三個階段很重要的語料支援。戴慶廈、傅愛蘭曾經指出：「至於出現很少的重疊式由何而來，根據現有研究還難以定論，但也有可能是由選擇式演變而來。但是從選擇式直接到重疊式，還是中間經過了反復式，有待進一步研究。」[1] 就我們所調查的語料看，八堡話的正反問中的否定詞「ma³¹」確實可以自由地省略，這種情況恰好是從正反問到重疊表是非問的語法化路徑上的一個重要環節。例如：

thi³¹ 他 so³³ h̃i³³ 教室 ko³³ 裡 ŋi³³ 坐 ndʑu³³ 願意 ma³¹ 不 ndʑu³³ 願意 εi³¹ 語氣？

（他願意不願意在教室待著？）

thi³¹ 他 so³³ h̃i³³ 教室 ko³³ 裡 ŋi³³ 坐 ndʑu³³ 願意 ndʑu³³ 願意 ŋi³¹ 語氣？

（他願意不願意在教室待著？）

反復問句和是非問句在形式上的界限幾乎消失殆盡。也就是說，反復

問所採用的正反相疊的謂詞形式，在八堡彝語中，可以隨意地省略否定形式 ma³¹，而直接使用謂詞的重疊形式。同時，重疊式的是非疑問句中，都可以自由地插入否定詞 ma³¹，語義功能不變，這充分說明了重疊式和反復式之間的淵源關係。例如：

na³¹ 你 ʐɯ³³ 去 ʐɯ³³ 去？＝na³¹ 你 ʐɯ³³ 去 ma³¹ 不 ʐɯ³³ 去？

（你去不去？）

na³¹ 你 li³¹ 來 li³¹ 來？＝na³¹ 你 li³¹ 來 ma³¹ 不 li³¹ 來？

（你來不來？）

na³¹ 你 xɯ³³ 們 dzo³¹ 有 dzo³¹ 有？＝ na³¹ 你 xɯ³³ 們 dzo³¹ 有 ma³¹ 沒 dzo³¹ 有？

（你們有沒有？）

由此，我們可以說，是非疑問句從選擇式到重疊式經歷了反復式這個階段。值得注意的是，重疊式是強勢句式，而反復式是弱勢句式，當發音人被問到「你去不去？」等是非問句如何說時，他們首先說出的是重疊式。

彝語是非疑問句從選擇式是如何演變為反復式的，目前還沒有學者對此做過考證。一般來說，選擇式變為反復式是由複句變為單句的一種質變，是不易實現的。但單句和複句作為句子的不同表達形式，有其內在的統一性，單句和複句往往會融合，從而產生緊縮句。緊縮句具有單句的結構，但在內容上卻具有複句表達的邏輯語義關係。反復式無非是選擇式的一種緊縮形式，而反復式隨著句中否定副詞 ma³¹ 的進一步脫落，就形成

了重疊式。

三、是非疑問句語法化的動因

　　是非疑問句從選擇式到反復式，並列刪除起到很重要的作用。按照語言的經濟性原則，人們往往把並列結構中完全相同的成分刪除一個，從而使我們的語言交際更順暢，同時資訊還能得到完整表達。是非疑問句中的選擇式和反復式都是就事件的正反或實現的可能性進行提問的，這是保證選擇式向反復式演變的內部因素。語言經濟性的原則，使得選擇式有其他省略式。完整的選擇式是「主語＋（賓語）＋V＋no³³，主語＋（賓語）＋ma³¹＋V」，省略式有「主語＋（賓語）＋V＋no³³，（賓語）＋ma³¹＋V」、「主語＋（賓語）＋V＋no³³，ma³¹＋V」。我們的調查顯示，省略式的使用頻率很高，完整式幾乎不使用。省略式的高頻率使用，並列刪除起到了重要的作用。大量省略式的存在和高頻使用，為選擇式向反復式的演變提供了可能。

　　no³³ 的語法特性也不完全與漢語中的連詞相同，該詞具有語氣詞的特點，表示提頓，並有提示話語沒有結束的作用。選擇式是非問句的疑問功能主要是通過正反兩面的對立來體現的，因此，當人們意識到正反兩面的對立本身就負載了疑問的語氣，並把正反對立作為整體來認識時，no³³ 作為提頓作用的語氣詞就不是必須出現的了，no³³ 的進一步脫落就形成了反復式是非問句。

　　是非疑問句從反復式到重疊式，否定副詞 ma³¹ 的脫落是一個重要的

步驟。漢語中的反復式是非疑問句往往通過合音加置換聲調演變為重疊式是非疑問句。[8][9] 但也有例外，山東的招遠市和長島縣存在直接重疊而構成重疊式是非疑問句的情況，這種重疊既不是合音也不是脫落，而是動詞的直接重疊。[10] 同樣的情況，在江蘇淮陰方言中也存在，但與山東的招遠和長島不同的是，招遠和長島周邊方言不存在反復式，而江蘇淮陰方言的周邊方言存在反復式。[11] 漢語方言這種地域分布的差異，為動詞重疊表示是非疑問句提供了重要線索。而八堡彝語中很好地保留了這三種形式的是非疑問句，為重疊式是非問句的來源提供了明確的證據。如前文所述，彝語中的反復式和重疊式基本處於融合狀態，反復式與重疊式功能完全相同，重疊式可以加入否定副詞 ma[31] 構成反復式，但在實際的語言重疊式使用的頻率遠遠高於反復式，反復式幾乎不出現。這種狀況正是反復式處於消失階段的強有力證據，也是山東招遠市和長島縣及其周邊地區只有重疊式沒有反復式的一個重要原因。

綜上所述，我們認為選擇問句應該作為一個獨立的疑問句式存在，彝語是非問句的源頭是選擇問中的正反選擇問。是非疑問句從選擇式向反復式演變的過程中，由於語言的經濟性原則的促動，並列刪除起了重要的作用，當正反對立作為整體來負載疑問時，語氣詞 no[33] 失去存在的意義而脫落，從而形成反復式是非疑問句；在從反復式向重疊式演變的過程中，否定副詞的自由隱現，表明了否定副詞處於完全脫落的最後階段，為我們提供了是非疑問句從反復式到重疊式演變的重要而真實的演變軌跡。

參考文獻

〔1〕戴慶廈，傅愛蘭.藏緬語的是非疑問句〔J〕.中國語文，2000（5）.

〔2〕劉丹青.語法調查研究手冊〔M〕.上海：上海教育出版社，2008.

〔3〕吳福祥.南方語言正反問句的來源〔J〕.民族語文，2008（1）.

〔4〕黃國營.「嗎」字句用法初探〔J〕.語言研究，1986（2）.

〔5〕蔣紹愚.近代漢語研究概況〔M〕.北京：北京大學出版社，1994.

〔6〕邵敬敏，王鵬翔.陝北方言的正反是非問句——一個類型學的過渡格式研究〔J〕.方言，2003（1）.

〔7〕張伯江.功能語法與漢語研究〔J〕.語言科學，2005（6）.

〔8〕項夢冰.連城（新泉）話的反復問句〔J〕.方言，1990（2）.

〔9〕謝留文.客家方言的一種反復問句〔J〕.方言，1995（3）.

〔10〕羅福騰.山東方言裡的反復問句〔J〕.方言，1996（3）.

〔11〕李文浩.江蘇淮陰方言的重疊式反復問句〔J〕.中國語文，2009（2）.

（原載於《黔南民族師範學院學報》2014 年第 4 期）

彝語中的正反問句研究

趙小東　熊安慧

　　彝族是中國西南地區勤勞勇敢、歷史悠久的少數民族之一，分布在雲南、四川、貴州三省和廣西壯族自治區。彝語屬漢藏語系藏緬語族彝語支，一般將現代彝語劃分為北部（主要分布在四川，其次分布在雲南）、東部（主要分布在貴州、雲南，其次分布在四川和廣西壯族自治區）、南部（主要分布在雲南南部）、西部（主要分布在雲南西部）、東南部（主要分布在雲南東南部）、中部（主要分布在雲南中部）六個方言分支。

　　彝語的句類中有正反問句，並且其格式還很有特色。所謂的正反問句，是疑問句中的一種，謂語部分多用肯定否定相疊的方式提問，把肯定的詞語（正）與否定的詞語（反）擺在一起進行發問，讓回答者做出選擇性回答，或是正的（肯定的）一面，或是反的（否定的）一面。本文在前人的研究基礎之上進行研究，期望能對彝語正反問句的使用做出一個較為全面的總結。

一、彝語正反問句的整體特徵

（一）彝語正反問句的重疊形式

（1）謂語部分的中心詞（動詞或形容詞）或中

心詞後面的助詞、連帶成分、複合成分直接重疊，如：

tshʅ³³　i²¹ȵi²¹　ȵo²¹bo²¹　to⁴⁴　to³³？

他　　今天　　勞動　能　能

他今天能不能勞動？（彝語北部方言）

tsho³³　tshʅ⁴⁴ma³³　xɯ⁴⁴　xɯ³³？

人　　這個　　能幹　能幹

這個人能不能幹？（彝語北部方言）

在重疊時有時後邊還要帶上語氣詞，以加強疑問語氣，如：

lɤ²¹　lɤ²¹　I｜・

去　去　　　（助）

去不去？（東部方言威寧地區）

ɖo³³　ɖo³³　e｜・

喜愛　喜愛　　（助）

喜不喜愛？（東部方言威寧地區）

da²¹　da²¹　no³³？

喝　　喝　（助）

喝不喝？（南部方言峨山地區）

t'i²¹　nU³³　nU³³　lɛ⁵⁵？

他　　肯　　肯　呢

他肯不肯呢？（東部方言貴州大方彝語）

ʔa²¹ ŋɯ²¹　ȵi³³ dzo²¹ dzo²¹ ɕi³³ lɛ⁵⁵？

明　天　　有　有　　還　呢

明天還有沒有呢？（東部方言貴州大方彝語）

（2）謂語部分的中心詞（動詞或形容詞）或中心詞後面的助詞，連帶成分，複合成分肯定、否定相疊表示疑問，如：

ly¹² ma²¹ ly¹²？

要　不　要

要不要？（東部方言威寧地區）

tsu⁵⁵ ma²¹ tsu⁵⁵？

好　不　好

好不好？（東部方言威寧地區）

（3）謂語部分的中心詞（動詞或形容詞）或中心詞後面的助詞、連帶成分，以及複合成分肯定、否定相疊時肯定、否定式之間加語氣助詞（有時兼作連詞），添加之後，語氣比較溫和，如：

ly¹² no³³ ma²¹ ly¹²？

要　（助）　不　要

要不要呢？（東部方言威寧地區）

tsu⁵⁵ no³³ ma²¹ tsu⁵⁵？

好　（助）　不　好

好不好呢？（東部方言威寧地區）

xo²¹ dʑi³³ ma²¹ dʑi³³

好　　　　不

好不好？（東部方言祿勸地區）

na²¹ zɤ²¹ ŋa⁵⁵ ma²¹ zɤ²¹

你　去　還是　不　去

你去還是不去？（彝語南部方言）

ts' ʅ³³ la³³ da²¹ a²¹ la³³？

他　來　或者　不　來

他來或者不來？（北部方言四川涼山彝語）

（二）當謂語部分有幾個成分時，重疊的成分

（1）重疊主要動詞，不重疊能願動詞、中心詞後面的助詞、連帶成分、複合成分等，如：

tsha⁵⁵ ka⁴²

喝　會

會喝（南部方言新平地區）

tsha⁵⁵ tsha⁵⁵ a⁴²？

喝　　喝　會

會不會喝？（南部方言新平地區）

（2）重疊除中心詞外的成分，如能願動詞、中心詞後面的助詞、連帶成分、複合成分等，如：

tshʅ^{33} i^{21} n̠i^{21} n̠o^{21} bo^{21} to^{44} to^{33}?

他　　今天　　勞動　　能　　能

他今天能不能勞動？（彝語北部方言）

vu^{33} puɯ^{33} t'u^{33} t'u^{33}?

雪　　堆　　厚　　厚

雪堆得厚不厚？（東部方言貴州大方彝語）

t'u^{55} ɯ^{21} ndzu^{33} ndzu^{33}?

臉　　紅　　很　　很

臉是不是很紅？（東部方言貴州大方彝語）

t'i^{21} huɯ^{55} n̠u^{55} n̠u^{33}?

他　　說　　過　　過

他說沒說過？（東部方言貴州大方彝語）

（3）在句法結構的組合順序中，重疊成分一般在後，如東部方言威寧地區，當謂語部分出現兩個動詞時，說話人強調哪個動作便強調哪個動詞，但被強調的動詞必須置於另一動詞之後。例如：

na^{21} lɣ^{33} go^{21} go^{21} e丨•?

你　　去　　玩　　玩　（助）

你去不去玩？（東部方言威寧地區）

na^{21} go^{21} lɣ^{21} lɣ^{21} I丨•?

你　　玩　　去　　去　（助）

你玩兒去不去？（東部方言威寧地區）

go²¹ na²¹ lɣ²¹ lɣ²¹ I | ・?

玩　　你　去　　去（助）

玩兒你去不去？（東部方言威寧地區）

tʂha³³ tʂo⁵⁵ tʂo⁵⁵?

拿給　吃　吃

給不給吃？（東南部方言彌勒土語）

（三）當重疊成分是雙音節 AB 時，重疊的方式

1. AAB 式

no⁵⁵ ni⁵⁵ 聽

no⁵⁵ no⁵⁵ ni⁵⁵ 聽不聽？（南部方言峨山、新平、邱北地區）

dzɣ²¹ dʐe³³ 商量

dzɣ²¹ dzɣ²¹ dʐe³³ 商不商量？（南部方言峨山、新平、邱北地區）

du³³ du¹¹ 出去

du³³ du³³ du¹¹ 出不出去？（東南部方言的彌勒土語）

gu¹¹ læ³³ 過來

gu¹¹ gu¹¹ læ³³ 過不過來？（東南部方言的彌勒土語）

2. ABB 式

go³³ na⁵⁵ 遺失

go³³ na⁵⁵ na⁵⁵ 遺沒遺失？（東南部方言）

dzI³³ bɣ³³ 商量

dzI³³ bɣ³³ bɣ³³ 商沒商量？（中部方言）

$di^{21} tʂha^{21}$　想

$di^{21} tʂha^{21} tʂha^{21}$　想不想？（中部方言）

3. ABB＋助詞式

$ni^{33} gɤ^{11}$　紅通通

$ni^{33} gɤ^{11} gɤ^{11} ʑie^{33}$　是不是紅通通的？（東南部方言的彌勒土語）

$ʂa^{33} do^{11}$　黃澄澄

$ʂa^{33} do^{11} do^{11} ʑie^{33}$　是不是黃澄澄的？（東南部方言的彌勒土語）

$nɪ^{33} khɛ^{33}$　記憶

$nɪ^{33} khɛ^{33} khɛ^{33} e\rvert\cdot$　記不記得？（東部方言威寧地區）

$nɪ^{33} da^{33}$　髒

$nɪ^{33} da^{33} da^{33} e\rvert\cdot$　髒不髒？（東部方言威寧地區）

二、彝語正反問句的方言差異

（一）重疊形式的比較

1. 直接重疊

能使用重疊形式構成正反問句的方言區域較廣，除西部方言以外，都能用謂語部分的中心詞或中心詞後面的助詞、連帶成分、複合成分重疊構成正反問句。

北部方言、南部方言（如峨山、新平、邱北地區）、東南部方言（如彌勒土語）中可以直接使用重疊形式。

　　東部方言威寧地區動詞、形容詞可以肯定、否定相疊表示選擇式的疑問。肯定、否定式之間可以加助詞 no^{33}，也可以不加，加 no^{33} 以後語氣比較婉轉一些；祿勸地區則使用 ɒ^{33} 或 lɒ^{33}。

　　中部方言差異較大，姚安地區可以直接使用重疊形式，而大姚則不能使用重疊的方式表示疑問。

　　南部方言（如峨山、新平、邱北地區）的單音動詞、形容詞的重疊式之後還可以用疑問語氣助詞 no^{33}，如：

da^{21}da^{21}no^{33} 喝不喝？

2. 肯定否定重疊

　　東南部方言（如宜良、彌勒地區）可以直接使用肯定否定重疊形式構成正反問句；西部方言也可以使用，但不是最常用的形式，最常用的形式是中間加語氣詞。

　　中部方言姚安地區動詞、形容詞不能用肯定、否定相疊的方式，必須在肯定、否定之間加助詞（兼作連詞）mi^{33}。大姚與姚安相反，可以使用肯定、否定相疊形式。

3. 肯定與否定之間使用語氣詞（或兼作連詞）

　　較多地區能在肯定與否定之間使用語氣詞構成正反問句，北部方言使用 da^{21}（呢）、東部方言（如貴州大方彝語）用語氣詞「nu^{33}」（呢）、西部方言（如巍山地區）使用助詞 a^{21}li^{21}。

　　中部方言姚安地區動詞、形容詞的肯定、否定相疊中間必須加助詞（兼作連詞）mi³³，而大姚地區則不能加助詞，須直接相疊。

（二）重疊成分的比較

　　東部方言中當謂語部分出現兩個動詞時，說話人強調哪個動作便重疊哪個動詞，但被強調的動詞必須置於另一動詞之後。但貴州大方彝語動詞或形容詞後邊有表示可能、趨向、結果、狀態、程度、時態等的詞作補語成分時，就不能將動詞或形容詞重疊，而要將這些補語成分重疊，才能構成疑問句。而且大方彝語作謂語中心詞的動詞或形容詞後邊的補語成分是詞組（常由動賓詞組或介詞詞組充當）或謂語部分是聯動結構或兼語結構時，只能將詞組中的動詞或介詞、聯動結構或兼語結構中的最後一個動詞重疊。

　　南部方言謂語部分兩個動詞連用，表示疑問時只能重疊前一動詞。如新平動詞與動詞連用，只能重疊前面的主要動詞，不能重疊能願動詞。

　　東南部方言謂語部分兩個動詞連用時，重疊後面的動詞表示疑問，但不能輻射整個東南部方言區，如宜良地區、文山地區方言中則是重疊前一動詞或主要動詞。

　　北部方言可以重疊動詞、形容詞、助動詞、時態助詞等表示疑問，個別副詞也可以重疊，如「經常」。

（三）雙（多）音節重疊成分重疊方式的比較

1. AAB 式

北部方言多音節動詞、形容詞重疊最後一個音節，四音駢儷詞前後兩對音節中各重疊後一個音節。

南部方言多音節的動詞、形容詞重疊第一個音節表示疑問，如：

$no^{55}ni^{55}$ 聽　$no^{55}no^{55}ni^{55}$ 聽不聽？

$dz\gamma^{21}d\textipa{z}e^{33}$ 商量　$dz\gamma^{21}dz\gamma^{21}d\textipa{z}e^{33}$ 商不商量？

東南部方言多音節的趨向動詞重疊第一個音節表示疑問，如：

$du^{33}du^{11}$ 出去　$du^{33}du^{33}du^{11}$ 出不出去？

$gu^{11}l\ae^{33}$ 過來　$gu^{11}gu^{11}l\ae^{33}$ 過不過來？

中部方言以重複第一音節為主，部分雙音節還只能重複第一個音節，如：

$ku^{21}\textipa{s}u^{33}$ 準備　$ku^{21}ku^{21}\textipa{s}u^{33}$ 準不準備？

2. ABB 式

東部方言貴州彝語一般採用這一形式，如：

na^{21} ʔ$a^{33}ma^{33}$ $n\varepsilon^{33}pa^{33}$ pa^{33}？

你　媽媽　　想念

你想不想念媽媽？

ʔa²¹ ŋɯ²¹ ŋi³³ t' i⁵⁵ nŋ³³ nŋ³³？

　明　　　天　　　休息

明天休不休息？

di³³ ts' ɹ³³ tɕ' ie³³ ʔa³³ dʑa³³ dʑa³³？

　碗　　　這　　　個　　　乾淨

這個碗乾不乾淨？

東南部方言多音節的一般動詞，重疊最後一個音節表示疑問，如：

go³³ na⁵⁵ 遺失　go³³ na⁵⁵ na⁵⁵ 遺沒遺失？

中部方言也可以採用重疊後一個音節的形式，如：

dzI³³ bɤ³³ 商量　dzI³³ bɤ³³ bɤ³³ 商沒商量？

di²¹ ʈʂha²¹ 想　di²¹ ʈʂha²¹ ʈʂha²¹ 想沒想？

3. ABB＋助詞式

東部方言多音節的動詞、形容詞一般重疊最後一個音節，但重疊式之後還須用語氣助詞 e丨‧，如：

nI³³ khɛ³³ 記憶　nI³³ khɛ³³ khɛ³³ e丨‧ 記不記得？

nI³³ da³³ 髒　nI³³ da³³ da³³ e丨‧ 髒不髒？

東南部方言多音節的形容詞用重疊手段表示疑問時，不單重疊最後一個音節，還要添加助詞ʑie³³，如：

ni^{33} gɣ^{11} 紅通通 ni^{33} gɣ^{11} gɣ^{11} ʑie^{33} 是不是紅通通的？

ʂa^{33} do^{11} 黃澄澄 ʂa^{33} do^{11} do^{11} ʑie^{33} 是不是黃澄澄的？

有一些地區重疊哪一個音節也不確定，如東南部宜良方言中用多音節詞表示疑問時，一般重疊第一個音節，有時重疊前一音節或後一音節都可以，視說話人強調的重點而異。

三、彝語正反問句與漢語方言正反問句比較

（一）重疊形式的比較

彝語中可以採用兩個詞直接重疊、肯定否定重疊、肯定否定中間加語氣詞三種形式。

漢語中肯定否定直接重疊是主要形式，不贅述，另兩種形式如下。

1.直接重疊

這種形式在漢語普通話裡一般不用了，但在一些方言中仍有留存，如：

山東膠東半島的招遠市、長島縣通行此說法。其特點是：如果提問部分是單音節詞，則直接重疊該音節。如果是多音節詞或短語，則只重疊第一個音節。中間一律不帶否定詞。例如：

招遠方言

你去去？

這是是你的東西？

你肯肯給他？

願願意吃乾飯？

長島方言

你會會？

花兒香香？

長得苗苗條？

家乾乾淨？

電影好好看？

朱德熙認為：「有的『V-Neg-VO』型方言裡『V-Neg-VO』經常緊縮成『VV』形式」，並用福州話、紹興話和嵊縣話裡「V-Neg-VO」與「VVO」兩種說法共存的事實來論證「VVO」就是「V-Neg-VO」省略了否定詞後緊縮而成的。[1]

江淮官話區北部與北方官話區相連的泗陽方言裡也有此正反問句形式。

吃吃？

走走？

喜喜歡？

過過年？

四川資中也有這種說法，如：

你去去的？

2. 肯定否定中間加語氣詞

這種形式鮮明地體現了正反問句與選擇問句之間的連繫。語氣詞（或連詞等）的使用在語法上使前後兩部分更為鬆散，在語義上要求聽話者對兩種情況進行選擇。就兩者的區別而言，使用肯定否定兩種相反情況進行選擇的是正反問句，其餘為一般的選擇問句。即使中間加了語氣詞，這種疑問句形式仍然是正反問句。這種形式在普通話中仍在使用，如：

甚至一隻螃蟹，也讓它長了兩層殼，膏肥肉美，鮮香四溢，這種「重衣蟹」就偏偏生在斗門的海水中，別處甚是少見，你說怪呀不怪？

你們找到方面軍指揮部，問明白了：咱們這裡，還守呀不守？

通呢不通？

（二）重疊成分的比較

彝語中，重疊成分一般是動詞或形容詞，也可以是助動詞、時態助詞等，個別副詞也可以重疊，如北部方言中的「經常」。

漢語中能重疊構成正反問句的成分則更多，除動詞、形容詞外，還可以是介詞、名詞、副詞，甚至是語氣詞重疊。

介詞重疊，例如：

從不從這裡呢？

跟不跟爸爸呢？

他在不在操場上散步？

你們把不把我放在眼裡？

名詞重疊，例如：

一樣不一樣呢？

你看他傻瓜不傻瓜？

副詞重疊，例如：

你到底認真不認真寫呢？

漢語方言中甚至直接使用語氣詞肯定否定重疊，郭校珍《山西晉語的疑問系統及其反復問句》裡有這樣的材料：

汾陽：這瓶子酒香咧不咧？

孝義：你去咧不咧？

太谷：第明你進城勒不勒？

武鄉：他有錢勒沒哪勒？

只看你娘願意勒不（勒）？

事實上，漢語史上這種用例出現較早，如：

今天師事事假其路，為剝解凡疑，遂得前問所不及，今欲有可乞問，甚不謙，不知當言邪不邪？〔05 東漢〕太平經卷三十九 解師策書訣第五十（謂語＋語氣詞）

這種用法是當後一語氣詞前動詞隱藏，這一動詞也可出現，形成「VP-prt-neg-VP」式句式。

（三）雙（多）音節重疊成分重疊方式的比較

彝語中，重疊方式有三種：AAB 式、ABB 式、ABB＋助詞式。

漢語普通話中沒有直接重疊的形式，在方言中有直接重疊的形式，但一般只有 AAB 形式，如：

做做工？

削削皮？

而在紹興方言中，動賓式詞則可以採用「ABAA」式，如：

上班上上？

睏覺睏睏？

游泳游遊？

借書借借？

動補結構的詞既可以重疊第一個音節，也可以重疊最後一個音節，如：

大學考考得上？

伊吃得壯壯？

在漢語普通話裡，涉及的雙（多）音節重疊成分重疊方式主要指肯定

否定在一起的重疊形式，主要的有兩種：「AB 不 AB」和「A 不 AB」，不贅述。此外，「AB 不 B」「AB 不 A」也有部分使用，但使用極少。

「AB 不 B」式，漢語史中有部分用例，如：

捉得不得？（《敦煌變文集新書》）

你兩人今日之死，各人心服不服？（小說《三寶太監西洋記》）

郭校珍的論文《山西晉語的疑問系統及其反復問句》[2] 則有這樣的材料：

武鄉：他的事情，你知道不道？

「AB 不 A」在漢語史中也有部分用例，如：

好模樣也不好？（《全元曲·雜劇二》）

熱了水，娘洗澡也不洗？（小說《金瓶梅》崇禎本）

王玉梅指出，北京話有「考試不考、游泳不遊」的問法，不論是「假動賓式複合詞」，還是其他的雙音節複合詞。出現這種形式大概是仿「VO 不 V」「喝水不喝、看電影不看」而來。[3]

四、結語

第一，彝語中正反問句形式多樣，從重疊形式來看，有兩個詞直接重疊、肯定否定重疊和在肯定否定重疊中間加語氣詞或連詞三種形式；從重疊成分來看，可以對主要動詞重疊，也可以重疊附加成分，部分方言對

此要求不甚嚴格，可以根據表達需要靈活處理；從重疊方式來看，則有AAB式、ABB式和ABB＋助詞式三種方式。

第二，彝語各方言多數都具有三種重疊的形式，但在重疊成分與重疊方式方面則有一些差別。

第三，與漢語相比較，不論從重疊形式、重疊成分抑或重疊方式來看，都有較多的相同點。漢語中能重疊的成分則更多一些，但漢語中重疊方式直接重疊的情況較少，方式也不豐富。

◐ 參考文獻

〔1〕朱德熙.「V-neg-VO」與「VO-neg-V」兩種反復問句在漢語方言裡的分布〔J〕.中國語文，1991（5）.

〔2〕郭校珍.山西晉語的疑問系統及其反復問句〔J〕.語文研究，2005（2）.

〔3〕王玉梅.泗陽方言裡正反問句的幾種特殊形式〔J〕.語文學刊，2004（5）.

（原載於《黔南民族師範學院學報》2011年第1期）

九河白族鄉白族納西族母語活力調查研究

余金枝

引言

九河白族鄉簡稱為「九河鄉」，隸屬於雲南省麗江市玉龍納西族自治縣。該鄉下轄 10 個村（居民委員會），79 個村（居）民小組，共 7372 戶，26969 人。境內有白、納西、普米、傈僳、藏、漢等 6 個世居民族。其中，白族 14300 人，占總人口的 53.02%；納西族 10185 人，占 37.77%；其他民族 2484 人，占 9.21%。[1]考慮到人口數量和語言生活等因素，本文重點考察白族和納西族的母語活力。

關於語言的活力鑑定，聯合國教科文組織列出了九項指標和六個等級。這九項指標是：①代際的語言傳承；②語言使用者的絕對數量；③語言使用者占總人口的比例；④語言使用範圍的發展趨勢；⑤語言對新領域和媒體的反映；⑥語言教育與讀寫材料；⑦政府和機構的語言態度和語言政策；⑧該語言族群成員對母語的態度；⑨語言記錄材料的數量與品質。根據以上九項指標，語言活力從高到低分為六個等級。一級：充滿活力；二級：有活力或仍然比較活躍；三級：活力降低，顯露瀕危特徵；四級：活力不足，走

1　資料來源：玉龍納西族自治縣九河白族鄉黨委政府 2007 年所編的內部資料《九河鄉志》。

向瀕危；五級：活力很不足，已經瀕危；六級：無活力，失去交際功能或已經死亡。[1]

為了客觀地認識九河白族鄉白族和納西族的母語活力，我們採取定量法，選取有白族、納西族人口分布的八個村民小組共一七八七人進行窮盡性入戶調查，還使用了多人次抽樣調查法，抽取不同年齡段者進行母語四百詞測試，並通過訪談法、語言生活場景實地觀察法等多種途徑獲取大量的第一手材料。基於第一手材料，並參考聯合國教科文組織的九項指標和六個等級，將九河白族鄉白族、納西族的母語活力定為二級，即「有活力」這一等級。

下文從九河鄉白族、納西族母語有活力的例證、成因及其啟示三個方面展開分析。

一、九河鄉白族、納西族母語活力的現狀調查

九河鄉白族、納西族母語「有活力」的例證主要有：①代際的母語傳承良好；②母語使用者具有全民性；③對母語有較高的認同度。據此我們將九河白族鄉白語和納西語的活力等級定為二級：有活力。之所以沒有定位為一級，充滿活力，一是由於白語和納西語的使用水準較低，限於白族、納西族聚居區；二是由於白語、納西語沒有進入學校教育用語，使用者的母語能力只體現聽、說能力，缺乏讀、寫能力；三是口頭文學的傳承出現明顯的代際斷裂；四是在詞彙選用上，青少年更傾向於使用漢語借詞。

（一）代際的母語傳承良好

母語的代際傳承良好，體現在不同年齡段的母語使用水準和四百母語詞測試沒有明顯的代際差異。

九河鄉白族分聚居和雜居兩種類型。聚居的有龍應、九河這兩個村委會，這兩個村委會所轄的十二個村民小組居民都是白族人。雜居的有關上、甸頭、中和、北高、南高等五個村委會。我們選取龍應村史家坡小組、南高村易之古小組、九河村高登小組和關上村梅瓦小組，共四個點。通過對這四個點共計一一一五人進行母語水準入戶調查，分六至十九、二十至三十九、四十至五十九和六十以上等四個年齡段統計，如表1所示。

表1　九河鄉白族不同年齡段母語使用水準統計表

年齡	人數	熟練		略懂		不會	
		人數	百分比	人數	百分比	人數	百分比
6-19	198	196	98.99%	2	1.01%	0	0
20-39	392	392	100%	0	0	0	0
40-59	357	356	99.72%	0	0	1	0.28%
60 歲以上	168	168	100%	0	0	0	0
合計	1115	1112	99.73%	2	0.18%	1	0.09%

表1顯示：六至十九、二十至三十九、四十至五十九、六十以上等四個年齡段熟練使用母語的比例分別為98.99%、100%、99.72%、100%，均值為99.73%。這說明，從母語使用是否熟練的角度來看，九河鄉白族母語的代際傳承良好。

九河鄉納西族人口數量僅次於白族，以聚居和雜居兩種方式分布在九

河鄉的北部和中部。九河鄉北部的中古村是納西族聚居村，在該村所轄的八個村民小組中，納西族人口占絕對優勢，少量的其他民族是通過婚嫁進入的。九河鄉中部的關上、金普、甸頭、北高、南高等村是納西族與白、普米等其他民族的雜居村。我們從納西族聚居的中古村選取雄古二組和新文一組，從雜居村選取了南高村彼古小組、關上村梅瓦小組，共四個調查點共計六七二人做入戶調查，統計出表2的資料。

表2 九河鄉納西族不同年齡段母語使用水準統計表

年齡	人數	熟練		略懂		不會	
		人數	百分比	人數	百分比	人數	百分比
6-19	154	149	96.75%	5	3.25%	0	0
20歲以上	518	518	100%	0	0	0	0
合計	672	667	99.26%	5	0.74%	0	0

表2顯示：除了六至十九歲年齡段有五人略懂母語外，二十歲以上的被測試者都能熟練使用自己的母語，熟練使用母語的均值為百分之九十九點二六。這說明納西族母語傳承良好。

母語的代際傳承良好還體現在母語四百詞測試上。我們挑選了四百個義類不同的詞，讓被測試者用母語讀出。把脫口而出定為A級；把想一想能說定為B級；把提示後能說定為C級；把提示後仍不會說定為D級。把A級＋B級詞彙量為三五○個以上定為「優秀」，把三二○至三四九個定為「良好」，把二八○至三一九個定為「一般」，二七○個以下定為「差」。

在白語四百詞測試中，我們挑選了不同年齡段的二十九位被測試者。

其中年紀最小的是十二歲的 LCK，年紀最大的是八十歲高齡的 LSK，二者之間的年齡跨度達六十八歲，但他倆的四百詞測試的等級均為「優秀」。不同年齡段母語詞彙量沒有出現明顯的代際差異，具體資料見表3。

表3　白族不同年齡段白語四百詞測試成績統計表

年齡	人數	優秀		良好		一般		差	
		人數	百分比	人數	百分比	人數	百分比	人數	百分比
6-19	9	8	88.89%	1	11.11%	0	0	0	0
20-39	5	4	80.00%	1	20.00%	0	0	0	0
40-59	7	7	100%	0	0	0	0	0	0
60 歲以上	8	8	100%	0	0	0	0	0	0
合計	29	27	93.10%	2	6.90%	0	0	0	0

　　表3的資料顯示：六至十九、二十至三十九兩個年齡段各有一人的測試成績為「良好」，「優秀」的比例分別為 88.89%、80%，略低於四十至五十九、六十歲以上兩個年齡段。通過調查，我們了解到六至十九歲這一年齡段母語四百詞測試為「良好」的被測試者是來自高登小組的女孩 ZJX。她十三歲，父母都是白族，第一語言是白語，平時在家裡、村裡以及學校的課餘時間都說白語。她的口語交流沒有問題，不會的詞主要是一些沒有見過的事物名稱。二十至三十九歲這一年齡段母語四百詞測試為「良好」的是史家坡的 YLH。他二十三歲，初中畢業以後就一直在外地就讀，很少有機會說白語。因此，兩位青少年的白語詞彙量稍低是個別現象，不影響九河鄉白族母語詞彙傳承良好這一基本結論。

　　在納西語四百詞測試中，我們選取二十六位不同年齡段的納西人進行

測試，測試成績二十四人為「優秀」，二 人為「差」。這說明九河鄉納西族母語詞彙也沒有出現明顯的代際差異。

（二）母語的使用具有全民性

在母語活力調查中，我們首先採用的是訪談法。先找到縣、鄉、村、組的領導進行訪談，了解母語活力的總體情況，再從所調查的村民小組中尋找熟悉該村情況的各種人物訪談，進一步掌握每一個調查點的母語活力。在九河鄉，我們一共採訪了二十六位對象，他們分別具有鄉長、村主任、小組長、村民、教師、東巴師、商人等不同職業身分以及白、納西、普米、傈傈等多個民族成分。這些身分不同、民族成分不同的被採訪者提供給我們相同的資訊：在九河鄉，白族人、納西族人都會說自己的母語；在白族、納西族聚居村，其他民族的村民還兼用白語、納西語；白族、納西族的母語使用具有全民性。

為了證實訪談獲得的資訊，我們對史家坡、易之古、高登等三個白族聚居的村民小組以及白族與其他民族雜居的梅瓦小組，共四個小組一一〇一人進行母語使用水準調查，統計資料如表4所示。

表4　九河鄉白族使用白語情況統計表

調查點	人數	熟練		略懂		不會	
		人數	百分比	人數	百分比	人數	百分比
史家坡	521	521	100%	0	0	0	0
高登	147	147	100%	0	0	0	0
易之古	351	350	99.72%	0	0	1	0.28%
梅瓦	82	80	97.56%	2	2.44%	0	0
合計	1101	1098	99.73%	2	0.18%	1	0.09%

　　表4顯示的兩個重要資訊證實了白族使用母語具有全民性：①四個調查點的一一〇一位白族人，除了二人略懂母語，一人不懂，熟練使用母語的比例高達百分之九十九點七三，可見白語是白族人普遍掌握的語言；②在白族和納西族雜居的梅瓦小組，熟練掌握母話的人數比例也高達百分之九十七點五六。這說明分布在聚居村和雜居村的白族人，母語水準大致相同，並不因雜居而影響母語水準。

　　我們對納西族聚居的中古村以及納西族與白族雜居的彼古小組和梅瓦小組共計六八六人進行母語使用調查，統計資料如表5所示。

表5　納西族使用納西語情況統計表

村寨	人數	熟練		略懂		不會	
		人數	百分比	人數	百分比	人數	百分比
中古	152	152	100%	0	0	0	0
彼古	405	402	99.26%	3	0.74%	0	0
梅瓦	129	128	99.22%	0	0	1	0.78%
合計	686	682	99.42%	3	0.44%	1	0.15%

　　表5顯示：中古、彼古、梅瓦三個點熟練使用納西語的人數比例分別為100%、99.26%、99.22%。這說明分布在聚居寨和雜居寨的納西族人都能熟練使用自己的母語，母語的使用具有全民性。

（三）白族、納西族對母語有較高的認同

　　語言選用能夠體現使用者對母語的認同。九河鄉的白族、納西族多為「母語—漢語」雙語人。我們所調查的史家坡、高登、彼古、梅瓦四個點的白族人共一一一五人，能熟練使用漢語的有一〇五八人，占調查人數的

百分之九十四點八九。中古、彼古、梅瓦三個點的納西族人共六八六人，其中五四九人能熟練使用漢語，占總人數的百分之八十點○三。這說明漢語的兼用具有全民性，從語言能力的角度說，漢語也可以成為白族、納西族的交際用語。但實際的情況是，在族群內部，人們都習慣選用自己的母語來交流。「在家裡、寨子裡，您說哪種語言？」是我們入戶調查必問的問題，我們在白族納西族村寨得到的回答都是「用母語」。

龍應村史家坡小組的史永生（白族，50 歲），家有父母、兩個女兒、妻子共六口人。大女兒二十八歲，已嫁到別的村子。二女兒二十四歲，在深圳打工。他們不僅在家說白語，兩個女兒跟家裡人打電話都用白語。龍應村的李志遠（白族，14 歲）、李俊林（白族，13 歲）和李茂松（白族，14 歲）三人都在麗江福慧中學讀書。福慧中學白族學生很少，但他們三個在一起就說白語。九河鄉高登小組有三十人去廣東佛山打工。在廣東佛山，這些白族人又形成一個小小的白語社區。中古村雄古二組的組長和柏光（男，43 歲，納西族）告訴我們說：「有時碰到在外面工作、上學回來的，在村子裡講漢語，我們很反感，覺得他們好像看不起我們納西族了，把自己的文化都丟了。像我妹妹當年跑婚，嫁到河北，二十年後回到村裡，還能用納西語跟我們講話，村裡人就覺得非常高興，一下子就變得親切多了。納西文化到死都不能忘！」

二、九河鄉白族納西族母語保持活力的成因

在現代化進程中，語言使用的演變趨勢大致是小語種的功能減弱，甚至出現瀕危。但九河鄉白語和納西語仍然保持自己的活力，其原因主要有

以下幾點。

（一）小聚居的分布格局是保持母語活力的地域優勢

九河鄉下轄十個村委會八十一個村民小組，每一個村民小組都是一個自然寨、一個相對獨立的地理單元。九河鄉的民族分布，以「寨」為單位，聚居區多，雜居區很少。即便是寨內有雜居，也是北寨一個民族，南寨一個民族，很少有不同民族的村民無序地混雜居住。

九河鄉南北延伸，214 國道縱貫南北。沿著 214 國道，由北往南，我們可以把九河鄉大致切分為三個語言板塊：最北邊的中古村是納西語區；從中古村往南的關上村、甸頭村、北高寨村以及南高寨村是納西語區和白語區；南高寨村是納西語和白語的分水嶺，南高寨村以南的龍應村、九河村、河源村是白語區。

這樣一種聚族而居的分布格局，使得同一族群分布在同一個自然村落，為保持母語的活力提供了天然的地域條件。

（二）與周邊同胞的交流為九河鄉白族納西族保持母語活力提供了社會條件

九河鄉的東邊是納西族聚居的太安鄉，西邊是石頭白族鄉，北邊是納西族聚居的石鼓鎮，南邊是白族聚居的大理州劍川縣金華村。九河鄉的白族和納西族與周邊的同族人長期以來都有往來和婚姻關係。九河鄉的白族可以用白語與西邊石頭白族鄉和南邊劍川縣金華村的白族人交流，分布在九河鄉南部的白族人，與大理的白族連成一片。無論是地緣關係還是族群

認同，九河鄉的白族人心理歸屬更趨向於大理州劍川縣，而不是玉龍縣。而大理是白族自治州，白語是大理的強勢語言。因此，九河白族說白語的功用遠遠超出九河鄉所轄的地域範圍。

九河鄉的納西族人與石鼓鎮、太安鄉的納西族人交往較多。納西族人在九河鄉的分布有一個重要的特點：由九河鄉的中部至北部，納西族的分布密度越來越大。中部是納西族和白族雜居，北部是納西族聚居區，並與玉龍縣的納西族連成一片。玉龍是納西族自治縣，納西語是玉龍縣的強勢用語。境內的納西族人大多能熟練使用納西語，其他民族即便不能說也能聽得懂。

周邊地區的民族分布特點，擴大了九河鄉白語、納西語的使用功能，為他們保持母語活力提供了有利的社會條件。

（三）民族內部的認同是保持母語活力的精神力量

語言是民族最重要的特徵，也是維繫民族情感的重要紐帶。九河鄉的少數民族居民不僅把母語當成語言交際工具，還把母語看作自己民族的標記。他們除了使用自己的母語外，還能熟練使用國家通用語漢語以及其他少數民族語言。但他們還是習慣於使用自己的母語，認為這樣親切自然。

在九河鄉，無論是在家裡、村寨，還是在學校、醫院、鄉政府，我們每天都能耳聞目睹同族人之間的母語交流。納西族退休教師和克武對我們說：「應該在小學裡開設納西語和東巴文的課，讓納西族的孩子從小就懂得我們的傳統文化。這些課程對考學不一定有用，但是可以增強我們的民

族自信心。」由此我們深深地感覺到母語在本族人心目中的情感價值。當今社會，在主流文化的衝擊下，很多少數民族的文化特徵都在消逝。對於很多少數民族而言，母語已經成為確認民族身分的唯一標記。每個人、每個民族都有尋根意識，母語具有民族標記功能，從某種程度上說也可以算作是一個民族的根。

（四）互相尊重各自語言的使用是保持母語活力的人文條件

九河鄉是以一個白族為主的多民族鄉，各少數民族的人口比例相差很大，但是，這裡的民族都相互尊重彼此的語言使用，沒有出現民族歧視、語言歧視的行為。九河鄉的鄉幹部大多數會說少數民族語言，有的還會說好幾種。如九河鄉黨委書記李金明，會說白語、納西語等多種語言，去白族村就說白語，去納西族村就說納西語。

優先選擇對方的母語交際，是對對方的尊重。彼此尊重母語的使用權，可以為母話使用創造良好的人文條件，從而促進母語活力的保持。

（五）中國的少數民族語文政策是保留母語活力的政治條件

新中國成立後，中國頒布了一系列有關民族語言文字的方針政策，這些政策的核心思想是強調語言平等和語言的自由使用。主要包括兩方面的內容：一是各民族不分大小，都有使用和發展自己語言的自由；二是政府根據各民族的意願說明他們使用和發展自己的語言。中共十七屆六中全會又進一步規定：「科學保護各民族語言。」

地方政府在國家政策的引導下，採取了相應措施。雲南省政府提出

「把雲南建設成文化強省」的奮鬥目標。麗江市相關教育部門提出在麗江各小學開設納西語母語課。麗江市政府與雲南民族大學簽訂協定，委託雲南民族大學專門為麗江市培養納西語人才。麗江市設有東巴文化研究院，專門研究納西族的語言文化。玉龍縣電視臺開辦納西語播音節目。這些措施提高了少數民族語言的地位，對雲南少數民族保持自己母語的活力起到了良好的促進作用。

三、九河鄉白族、納西族母語「有活力」的啟示

（一）人口少的少數民族在現代化進程中也能保留自己的母語

少數民族的母語保留往往與使用人口有密切的關係，人口多的民族，其母語容易保留，反之亦然。在現代化進程中，國際通用語、國家通用語對少數民族語言衝擊較大，容易引起少數民族語言功能的衰退。所以，國際上一些社會學家、民族學家、語言學家對人口少的民族的語言表示擔憂。如大衛‧克里斯托（David Crystal）預測，到二〇五〇年，世界上會有一半人口每天說英語或使用英語。越來越多的人將選擇學習或使用少數幾種分布地區廣、使用人數多的強勢語言。事實的發展果真如此嗎？

母語人口數量少、強勢語言衝擊導致少數民族母語出現功能衰退甚至瀕危的情況，這是語言功能演變的一個規律，但並不完全如此，還會有別的規律在起作用。有的語言雖然使用人數少，但能與強勢語言共存，在「各得其所，各有其用」的規則下並存使用，九河鄉白族、納西族保持母語有活力就是一個例證。

（二）語言兼用是人口少的少數民族保持自己母語活力的必要手段

一般認為語言兼用會引起兼用語衝擊母語，從而危及母語。但是人口少的少數民族要保持自己母語的活力必須兼用其他語言來彌補母語交際功能的不足。

九河鄉的白族、納西族人除了使用自己的母語以外，大都兼用其他語言。如白族人兼用漢語，納西族人兼用漢語、白語。其實這是語言功用的大小在起作用。語言的功用大小在很大程度上取決於語言使用的人數。兼用的任何一種語言都是對母語交際功能不足的補充。這種補充對白族、納西族保持母語活力起到了重要的作用。

（三）文化進步、經濟發展未必會引起少數民族語言的瀕危

九河鄉的白族和納西族在當地屬於經濟文化水準較高的少數民族。從秦漢以來，九河鄉的民族就一直受到中原文化的影響。在一八九一年以前，九河一直歸劍川管轄，在一八九一年以後，麗江總督張瑞將九河從大理管轄劃為麗江管轄。劍川是「文獻名邦」，以私塾為主體的民間教育十分普遍，這使得九河有重視教育的文化傳統。該鄉白族人有「耕讀傳家」的古訓，從一九〇〇年起，該鄉就出了貢生姚士玉、拔貢姚繼華等一批讀書人。納西族有「天雨（書）流（去）芳（看）」（納西語的音譯，意為「要讀書」）的祖訓，告誡納西人要勤奮學習。該鄉的龍應小學建於一九一〇年，有百年校史，就讀學生達五千餘人。該鄉的九河中學培養的學生是受玉龍縣一中青睞的生源。這說明，文化教育水準較高的九河鄉白族和納西族人的母語並沒有走向衰退。

十多年來，勞務輸出一直是九河鄉的主要經濟來源之一。全鄉外出打工人口達到八千二百人。我們調查這些打工者及其子女，並沒有發現母語轉用或母語瀕危。近年來，九河鄉一直發展特色種植業，種植烤煙、藥材、芥末，芥末出口日本，還發展特色養殖業，養種豬、種牛，經濟發展較快。全鄉現已經實現通水、通電、通路，電視、通信、網路覆蓋所有村寨。

九河鄉的經濟發展不僅沒有導致少數民族的母語瀕危，相反還喚醒少數民族保護自己語言文化的意識。有識之士開始意識到自己民族的語言文化是一筆財富。可見文化進步、經濟發展是每一個民族的內在需求。怎樣在文化進步、經濟發展與母語保留之間形成良性的互動關係，九河鄉的母語保留可以為我們提供借鑑。

◉ 參考文獻

〔1〕孫宏開.中國少數民族語言活力排序研究〔J〕.廣西民族大學學報（哲學社會科學版），2006（5）.

（原載於《黔南民族師範學院學報》2014年第5期）

勾漏粵語與壯語嘗試體和嘗試貌的比較研究

黃美新

　　體貌一直是國際語言學界關注的熱點課題，關於體貌的定義，「體貌」常被稱為「體」，呂叔湘認為，「體」是指一個動作過程的各個階段。[1] Cornrie 定義「體」為觀察情狀的內部時間構成的不同方式。[2] 戴耀晶認為：「體是觀察時間進程中的事件構成的方式。」[3] 一般認為，體是對情狀內在時間構成所持的不同的觀察方式。「貌」是指向情態、語氣發展的，表示與動作實現之空間、方式、狀態等相關的中間範疇。以往的「體貌」研究大多把「體貌」範疇放在一起來考察，有的甚至把「體」和「貌」的定義混成一體。本研究根據勾漏粵語和壯語的特點，把「體貌」分開來研究，主要對勾漏粵語和壯語這兩種不同語言的嘗試體和嘗試貌標記及其特點進行比較，從跨語言角度進行研究，使人們更清楚地了解到這兩種不同語言的嘗試體和嘗試貌的共性和個性，促使人們對體貌範疇有更深的認識，也有助於解決各種語言體貌研究中長期存在的分歧。

　　本研究在勾漏粵語片中選擇三個代表點，即廣西玉林、容縣和北流，壯語片中也選擇三個代表點，即廣西武鳴、大新、天等，以這六個代表點的田野調查

的材料作為研究依據。[1]

一、嘗試體

　　嘗試體是指句子所表達的事件實現的方式，是嘗試性的體範疇之一。嘗試體的語義是試著做一下某個動作。該動作的時間一般比較短暫，具有嘗試、短時、少量等語義特徵。勾漏粵語和壯語嘗試體的表達都以詞彙—語法手段來實現，但語法化程度不高，體標記還保留原來的詞彙意義，屬於詞彙體。勾漏粵語和壯語嘗試體標記如表1所示。

　　勾漏粵語嘗試體的標記主要有玉林白話的 thai（看），容縣白話的 thɐi⁵（看），北流白話的 thɐi³（看）。

　　壯語嘗試體的標記主要有武鳴壯語的 jɐɯ³（看）、 kon⁵（先），大新壯語的 lɛ⁴（看）、 kɔn⁵（先），天等壯語的 ŋɔi²（看）、 kɔn⁵（先）。

表1　勾漏粵語和壯語嘗試體標記比較表

漢義	勾漏粵語代表點			壯語代表點		
	玉林	容縣	北流	武鳴	大新	天等
看	thai³	thɐi³	thɐi³	jɐɯ³	lɛ⁴	ŋɔi²
先				kon⁵	kɔn⁵	kɔn⁵

1　本文材料來源：所有材料均為作者田野調查所得，勾漏粵語材料來自玉林大塘鎮雲石村白話、容縣石寨鎮石寨村白話、北流民安鎮民安村白話；壯語材料來自廣西武鳴縣雙橋鎮伏方村壯話、大新縣桃城鎮大嶺村壯話、天等縣進結村壯話。

（一）嘗試體標記「看」

勾漏粵語和壯語都用「看」作為嘗試體的標記，具體使用情況為：玉林白話 thai³（看），容縣白話 thei³（看），北流白話 thei³（看），武鳴壯語 jɯ³（看），大新壯語 le⁴（看），天等壯語：ŋɔi²（看）。舉例如下。

（1）我去問看。

勾漏粵語

玉林白話： ŋə⁴ hy⁵ man⁶ thai³.
　　　　　　我　去　問　　看
容縣白話： ŋɔ⁴ hy⁵ mɐn⁶ thei³.
　　　　　　我　去　問　　看
北流白話：ŋɔ⁴ hy⁵ mɐn⁶ thei³.
　　　　　　我　去　問　　看

壯語

武鳴壯語：kɐu¹ pei¹ ɕam¹ jɯ³.
　　　　　　我　去　問　看
大新壯語：kɐu¹ pei¹ khɐm⁵ le⁴.
　　　　　　我　去　問　　看
天等壯語：kɐu¹ pei¹ khɐm⁵ ŋɔi².
　　　　　　我　去　　問　看

例（1）中的體標記「看」在勾漏粵語和壯語都是動詞「看」虛化而

來的，但它仍保留一定的詞彙意義。它附在動詞後，可表達句子所述事件實現的方式是嘗試性的，而且具有短時這一語義特徵。

（二）嘗試體標記「先」

勾漏粵語三個代表點都不用「先」作為嘗試體標記，壯語三個代表點都用「先」作為嘗試體標記，具體使用情況為：武鳴壯語 kon^5（先），大新壯語 kon^5（先），天等壯語 kon^5（先）。舉例如下。

（2）我去問先。

壯語

武鳴壯語： keu¹ pei¹ ɕam¹ kon⁵.

        我　去　問　先

大新壯語： keu¹ pei¹ khem⁵ kon⁵.

        我　去　問　先

天等壯語： keu¹ pei¹ khem⁵ kon⁵.

        我　去　問　先

例（2）中的體標記「先」是副詞「先」虛化而來的，但它仍保留一定的詞彙意義。它附在動詞後，可表達句子所述事件實現的方式是嘗試性的，且含有先行這一語義特徵。

勾漏粵語和壯語嘗試體的共同點：一是兩種語言嘗試體的表達都以詞彙—語法手段來實現，但語法化程度不高，體標記還保留原來的詞彙意

義，屬於詞彙體；二是兩種語言都用「看」作為嘗試體標記。

　　勾漏粵語和壯語的嘗試體的不同點主要是：壯語用「先」作為嘗試體標記，而勾漏粵語不用「先」作為嘗試體標記。

二、嘗試貌

　　嘗試貌是表達嘗試情態的貌範疇之一，它同樣具有嘗試、短時、少量等語義特徵。勾漏粵語和壯語嘗試貌以結構形態來表達，即採用一定的構式來表達，這個構式可被視為貌的標記，屬於語法範疇。勾漏粵語和壯語嘗試貌標記如表 2 所示。

　　勾漏粵語嘗試貌的標記主要有：玉林白話六種——VV＋thai³、V＋thai³＋fin¹、VV、VV＋ʔɛ⁴、VV＋fin¹、V＋ha³＋fin¹；容縣白話六種——VV＋thɐi³、V＋thɐi³＋ɬin¹、VV、VV＋wɐi⁴（或lɔ⁰、wɔ⁰）、VV＋ɬin¹、V＋ha³＋ɬin¹；北流白話六種——VV＋thɐi³、V＋thɐi³＋ɬɛn¹、VV、VV＋wɐi⁴（或lɔ⁰、wɔ⁰）、VV＋ɬɛn¹、V＋ha³＋ɬɛn¹。

　　壯語嘗試貌的標記主要有：武鳴壯語六種——VV＋jɐu³、V＋jɐu³＋kon⁵、VV、VV＋lo⁰（或wo⁰）、VV＋kon⁵、V＋ʔbat⁷＋kon⁵；大新壯語六種——VV＋lɛ⁴、V＋lɛ⁴＋kən⁵、VV、VV＋vɐi⁴（或lɔ⁰、vɔ⁰）、VV＋kən⁵、V＋mat⁷＋kən⁵；天等壯語六種——VV＋ŋɔi²、V＋ŋɔi²＋kon⁵、VV、VV＋vɐi⁴（或lɔ⁰、vɔ⁰）、VV＋kon⁵、V＋ʔbat⁷＋kon⁵。

表2　勾漏粵語和壯語嘗試貌標記比較表

漢義	勾漏粵語代表點			壯語代表點		
	玉林	容縣	北流	武鳴	大新	天等
VV＋看	VV＋thai³	VV＋thɐi³	VV＋thɐi³	VV＋jɐɯ³	VV＋lɛ⁴	VV＋ŋɔi²
V＋看＋先	V＋thai³ ＋fin¹	V＋thɐi³ ＋ɬin¹	V＋thɐi³ ＋ɬin¹	V＋jɐɯ³ ＋kon⁵	V＋lɛ⁴＋kon⁵	V＋ŋɔi² ＋kɔn⁵
VV	VV	VV	VV	VV	VV	VV
VV＋語氣詞	VV＋ʔɛ⁴	VV＋ wei⁴（或 lɔ⁰、wɔ⁰）	VV＋ wɐi⁴（或 lɔ⁰、wɔ⁰）	VV＋lo⁰（或 wɔ⁰）	VV＋vɐi⁴（或 lɔ⁰、vɔ⁰）	VV＋vɐi⁴（或 lɔ⁰、vɔ⁰）
VV＋先	VV ＋fin¹	VV ＋ɬin¹	VV ＋ɬɛn¹	VV ＋kon⁵	VV ＋kɔn⁵	VV ＋kɔn⁵
V 下＋先	V＋ha³ ＋fin¹	V＋ ha³ ＋ɬin¹	V＋ ha³ ＋ɬɛn¹	V＋ʔbat⁷ ＋kon⁵	V＋mat⁷ ＋kɔn⁵	V＋ʔbat⁷ ＋kɔn⁵

（一）嘗試貌「VV+看」

勾漏粵語和壯語都用「VV＋看」作為嘗試貌的標記，具體使用情況為：玉林白話 VV＋thai³，容縣白話 VV＋thɐi³，北流白話 VV＋thɐi³，武鳴壯語 VV＋jɐɯ³，大新壯語 VV＋lɛ⁴，天等壯語 VV＋ŋɔi²。

舉例如下。

（3）我去問問看。

勾漏粵語

玉林白話：ŋə⁴ hy⁵ man⁶ man⁶ thai³.

　　　　我 去 問　問 看

容縣白話：ŋɔ⁴ hy⁵ mɐn⁶ mɐn⁶ thɐi³.

　　　　我 去 問　問 看

北流白話：ŋɔ⁴ hy⁵ mɐn⁶ mɐn⁶ thɐi³.

　　　　　我 去 問　問 看

壯語

武鳴壯語：kɐu¹ pei¹ ɕam¹ ɕam¹ jɯ³.

　　　　　我 去 問　問 看

大新壯語：kɐu¹ pei¹ khɐm⁵ khɐm⁵ lɛ⁴.

　　　　　我 去 問　問 看

天等壯語：kɐu¹ pei¹ khɐm⁵ khɐm⁵ ŋɔi².

　　　　　我 去 問　問 看

（二）嘗試貌「V+看+先」

勾漏粵語和壯語都用「V＋看＋先」作為嘗試貌的標記，具體使用情況為：玉林白話 V＋thai³＋fin¹，容縣白話 V＋thɐi³＋ɬin¹，北流白話 V＋thɐi³＋ɬɐn¹，武鳴壯語 V＋jɯ³＋kon⁵，大新壯語 V＋lɛ⁴＋kɔn⁵，天等壯語 V＋ŋɔi²＋kɔn⁵。

舉例如下。

（4）我去問看先。（意為：我去問問看。）

勾漏粵語

玉林白話：ŋə⁴ hy⁵ man⁶ thai³ fin¹.

　　　　　我 去 問 看 先

容縣白話：ŋɔ⁴ hy⁵ mɐn⁶ thɐi³ ɬin¹.

　　　　　我 去 問 看 先

北流白話：ŋɔ⁴ hy⁵ mɐn⁶ thei³ ɬɛn¹.

   我 去 問 看 先

壯語

武鳴壯語：kɐu¹ pɐi¹ ɕam¹ jɯ³ kɔn⁵.

   我 去 問 看 先

大新壯語：kɐu¹ pɐi¹ khɐm⁵ lɛ⁴ kɔn⁵.

   我 去 問 看 先

天等壯語：kɐu¹ pɐi¹ khɐm⁵ ŋɔi² kɔn⁵.

   我 去 問 看 先

（三）嘗試貌「VV」

勾漏粵語和壯語都用「VV」作為嘗試貌的標記。舉例如下。

（5）我去問問。（意為：我去問問看。）

勾漏粵語

玉林白話：ŋə⁴ hy⁵ man⁶ man⁶.

   我 去 問 問

容縣白話：ŋə⁴ hy⁵ mɐn⁶ mɐn⁶.

   我 去 問 問

北流白話：ŋə⁴ hy⁵ mɐn⁶ mɐn⁶.

   我 去 問 問

壯語

武鳴壯語：keu¹ pei¹ ɕam¹ ɕam¹.

　　　　　我 去 問 問

大新壯語：keu¹ pei¹ khɐm⁵ khɐm⁵.

　　　　　我 去 問 問

天等壯語：keu¹ pei¹ khɐm⁵ khɐm⁵.

　　　　　我 去 問 問

（四）嘗試貌「VV＋語氣詞」

　　勾漏粵語和壯語都用「VV＋語氣詞」作為嘗試貌的標記，具體使用情況為：玉林白話 VV＋ʔɛ⁴，容縣白話 VV＋wei⁴（或 lɔ⁰、wɔ⁰），北流白話 VV＋wɐi⁴（或 lɔ⁰、wɔ⁰）；武鳴壯語 VV＋lo⁰（或 wɔ⁰），大新壯語 VV＋vei⁴（或 lɔ⁰、wɔ⁰），天等壯語 VV＋vɐi⁴（或 lɔ⁰、vɔ⁰）。

　　舉例如下。

（6）我去問問喔。（我去問問看。）

勾漏粵語

玉林白話：ŋə⁴ hy⁵ man⁶ man⁶ ʔɛ⁴.

　　　　　我 去 問 問 （語氣）

容縣白話：ŋɔ⁴ hy⁵ mɐn⁶ mɐn⁶ wɔ⁰.

　　　　　我 去 問 問 （語氣）

北流白話：ŋɔ⁴ hy⁵ mɐn⁶ mɐn⁶ wɔ⁰.

　　　　　我 去 問 問 （語氣）

壯語

武鳴壯語：keu¹ pei¹ ɕam¹ ɕam¹ wɔ⁰.

　　　　　我 去 問 問 （語氣）

大新壯語：keu¹ pei¹ khɐm⁵ khɐm⁵ vɔ⁰.

　　　　　我 去 問 問 （語氣）

天等壯語：keu¹ pei¹ khɐm⁵ khɐm⁵ vɔ⁰.

　　　　　我 去 問 問 （語氣）

（五）嘗試貌「VV＋先」

　　勾漏粵語和壯語都用「VV＋先」作為嘗試貌的標記，具體使用情況為：玉林白話 VV＋fin¹，容縣白話 VV ɬin¹，北流白話 VV＋ɬɛn¹；武鳴壯語 VV＋kon⁵，大新壯語 VV＋kɔn⁵，天等壯語 VV＋kɔn⁵。

　　舉例如下。

　　（7）我去問問先。

勾漏粵語

玉林白話：ŋə⁴ hy⁵ man⁶ man⁶ fin¹.

　　　　　我 去 問 問 先

容縣白話：ŋɔ⁴ hy⁵ mɐn⁶ mɐn⁶ ɬin¹.

　　　　　我 去 問 問 先

北流白話：ŋɔ⁴ hy⁵ mɐn⁶ mɐn⁶ ɬɛn¹.

　　　　　我 去 問 問 先

壯語

武鳴壯語：keu¹ pei¹ ɕam¹ ɕam¹ kon⁵.

　　　　　　我 去 問 問 先

大新壯語：keu¹ pei¹ khɐm⁵ khɐm⁵ kɔn⁵.

　　　　　　我 去 問 問 先

天等壯語：keu¹ pei¹ khɐm⁵ khɐm⁵ kɔn⁵.

　　　　　　我 去 問 問 先

（六）嘗試貌「V下＋先」

　　勾漏粵語和壯語都用「V下＋先」作為嘗試貌的標記，具體使用情況為：玉林白話 V＋ha³＋fin¹，容縣白話 V＋ha³＋ɬin¹，北流白話 V＋ha³＋ɬɛn¹；武鳴壯語 V＋ʔbat⁷＋kon⁵，大新壯語 V＋mat⁷＋kɔn⁵，天等壯語 V＋ʔbat⁷＋kon⁵。

　　舉例如下。

（8）我去問下先。

勾漏粵語

玉林白話：ŋə⁴ hy⁵ man⁶ ha³ fin¹.

　　　　　　我 去 問 下 先

容縣白話：ŋɔ⁴ hy⁵ mɐn⁶ ha³ ɬin¹.

　　　　　　我 去 問 下 先

北流白話：ŋɔ⁴ hy⁵ mɐn⁶ ha³ ɬɛn¹.

　　　　　　我 去 問 下 先

壯語

武鳴壯語：keu¹pei¹ ɕam¹ʔbat⁷kon⁵.

      我 去 問 下 先

大新壯語：keu¹pei¹ khɐm⁵mat⁷kon⁵.

      我 去 問 下 先

天等壯語：keu¹pei¹ khɐm⁵ʔbat⁷kɔn⁵.

      我 去 問 下 先

勾漏粵語和壯語嘗試貌的共同點：一是兩種語言的嘗試貌標記都以結構形態來表達，即採用一定的構式來表達，這個構式可被視為貌的標記。二是嘗試貌的標記種類都很豐富，都有六種之多，即「V＋看」「VV＋看」「VV」「VV＋語氣詞」「VV＋先」「V下＋先」。

勾漏粵語和壯語嘗試貌的不同點：兩種語言嘗試貌構式中的標記詞的語義相同，但來源不同，如「看」，勾漏粵語讀 thai³ 或 thɐi³，壯語讀為 jɐɯ³、lɛ⁴ 或 ŋɔi²；如「先」勾漏粵語讀 fin¹、ɬin¹ 或悛ɬɐn¹，壯語讀為 kon⁵ 或 kɔn⁵；又如「下」，勾漏粵語讀 ha³，壯語讀為 ʔbat⁷ 或 mat⁷。

三、結語

通過比較可以發現，兩種語言嘗試體的表達都以詞彙—語法手段來實現，但語法化程度不高，體標記還保留原來的詞彙意義，屬於詞彙體。兩種語言的嘗試貌標記都以結構形態來表達，即採用一定的構式來表達，這個構式可被視為貌的標記。

從標記的數量上來看，勾漏粵語和壯語的嘗試貌的標記數量均比嘗試體的標記數量要多，兩種語言的嘗試貌標記數量均為六個，而嘗試體標記數量為一或兩個。由此可以推測，勾漏粵語和壯語都呈現出貌範疇比體範疇還要突顯、要發達的特點，均屬於貌範疇突顯語言。

勾漏粵語的使用區域處於廣東西北部與廣西東南部的交界地區，這是漢民族最早遷入嶺南並跟當地壯侗少數民族融合的地區之一。勾漏粵語與壯語的關係十分密切，從本研究可以看出，這兩種語言的體貌特徵表現出較大的共同性，這與語言接觸有密切連繫，同時這兩種語言的體貌特徵也表現出獨特的個性，這是因為不同語言本身具有不同的特點。

參考文獻

〔1〕梁敢.壯語體貌範疇研究〔D〕.北京：中央民族大學，2010.

〔2〕劉丹青.語法調查研究手冊〔M〕.上海：上海教育出版社，2008.

〔3〕戴耀晶.現代漢語時體系統研究〔M〕.杭州：浙江教育出版社，1997.

（原載於《黔南民族師範學院學報》2015 年第 3 期）

少數民族文字

水族水字研究

梁光華　蒙耀遠

一、水族水字調查統計

　　貴州地處四川盆地和廣西丘陵之間的雲貴高原東部，處於高原向丘陵和平原過渡的地帶，是眾多少數民族會聚之地，世居十七個少數民族，分別隸屬於南方氐羌、苗瑤、百越、百濮四大古代族系，同時形成了多姿多彩的少數民族文化習俗。水族屬古越族系之一，人口四十餘萬，主要聚居在貴州南部和廣西北部，其中貴州省三都水族自治縣是全國唯一的水族自治縣。水族是一個勤勞智慧的民族，水族人民用他們的勤勞和智慧創造了珍貴的水字來記錄他們的生活和習俗。用水字記錄的水書習俗，於二〇〇六年入選第一批《國家級非物質文化遺產名錄》。用水字記載的水書古籍文獻，存世及傳承面臨諸多困難和問題，因而水族水書水字也成了瀕危的少數民族古籍文獻與少數民族文字，亟須搶救保護、研究與傳承。筆者通過完成結項等級為良好的國家社科課題「水族水書語音語料系統研究」（批准號：07XM004，證書號：2011004），遍查水族水書古籍文獻，目前共見不重複的水字單字四七二個（未計手書異體字），按照水書體系，我們將水書文獻古籍中的四七二個水字分為十類：①星宿鬼神，②天地八卦，③禽獸魚蟲植物，④房田器具食物，⑤水書條目名稱，⑥人體人事，⑦

季節時辰，⑧方位形狀，⑨數名，⑩行為。筆者通過對水書古籍文獻原件進行掃描的方式，將以上十類四七二個水字的正體字、漢譯備註等內容，統計如表 1 所示，以供專家和關注水族水書水字的讀者研究使用。[1]

表 1 中所列四七二個水字（未計異體字），是水書古籍文獻原件的掃描字。筆者在調查研究中，創造性地運用電腦類屬碼對這四七二個水字進行了編碼，建立了水字電腦字形檔。

表 1 水族水字總表

序號	漢譯	水字	序號	漢譯	水字	序號	漢譯	水字	序號	漢譯	水字
1	弼星	〔水字〕	26	牛金牛	〔水字〕	50	第	〔水字〕	88	龍	〔水字〕
2	繞	〔水字〕	27	井木犴	〔水字〕	51	世	〔水字〕	89	豹	〔水字〕
3	輔星	〔水字〕	28	星日馬	〔水字〕	52	日	〔水字〕	90	猴	〔水字〕
4	破軍星	〔水字〕	29	心月狐	〔水字〕	53	日	〔水字〕	91	虎	〔水字〕
5	破	〔水字〕	30	鬼	〔水字〕	54	月	〔水字〕	92	狼	〔水字〕
7	文曲星	〔水字〕	31	神	〔水字〕	55	月	〔水字〕	93	竹鼬	〔水字〕
8	說	〔水字〕	32	天狗	〔水字〕	56	星	〔水字〕	94	天鵝	〔水字〕
9	武曲星	〔水字〕	33	怪物	〔水字〕	57	雲	〔水字〕	95	鳳	〔水字〕
10	貪狼星	〔水字〕	34	翼火蛇	〔水字〕	58	雨	〔水字〕	96	鵝	〔水字〕
11	貪	〔水字〕	35	軫水蚓	〔水字〕	59	霞	〔水字〕	97	鴉	〔水字〕
12	巨門星	〔水字〕	36	昴日雞	〔水字〕	60	風	〔水字〕	98	雞	〔水字〕
						61	雷	〔水字〕	99	翅膀	〔水字〕
						62	陰	〔水字〕	100	鳥	〔水字〕
						63	陽	〔水字〕	101	魚	〔水字〕
						64	金	〔水字〕	102	蟲	〔水字〕
						65	木	〔水字〕	103	蛇	〔水字〕

---

1 本文為中國民族語言學會第 11 屆全國研討會交流論文，在大會上作交流發言。限於篇幅，刪去 472 個水字的異體字及國際音標注音等內容。

序號	漢譯	水字
13	揭	
14	廉貞星	
15	祿存星	
16	氐土貉	
17	尾火虎	
18	婁金狗	
19	柳土獐	
20	張月鹿	
21	參水猿	
22	虛日鼠	
23	室火豬	
24	箕水豹	
25	鬼金羊	

序號	漢譯	水字
37	角木蛟	
38	亢金龍	
39	奎木狼	
40	房日兔	
41	觜火蛇	
42	畢月烏	
43	壁水貐	
44	女土蝠	
45	危月燕	
46	胃土雉	
47	鬥土蟹	
48	天	
49	地	

序號	漢譯	水字
66	水	
67	火	
68	土	
69	河	
70	川	
71	符	
72	卦	
73	坤	
74	兌	
75	震	
76	乾	
77	離	
78	爻	
79	艮	
80	坎	
81	巽	
82	牲口	
83	牛	
84	馬	
85	豬	
86	犬	
87	獸	

序號	漢譯	水字
104	螺	
105	蚯蚓	
106	鯽	
107	水黽	
108	蜘蛛	
109	鮎魚	
110	蝦	
111	鱗	
112	柏枝葉	
113	花	
114	果	
115	枝	
116	綠	
117	草	
118	鷗子	
119	房	
120	家	
121	房間	
122	空房	
123	倉	
124	寨門	

序號	漢譯	水字
125	門	
126	窗	
127	田	
128	坡	
129	山	
130	林	
131	塘	
132	橋	
133	涵洞	

序號	漢譯	水字
161	粥	
162	谷	
163	酒	
164	谷穗	
165	財產	
166	銀	
167	香	
168	裳	
169	源	

序號	漢譯	水字
197	臘血	
198	魯封	
199	呂墩	
200	忌打項圈	
201	殺朋	
202	撒曬	
203	撒象	
204	舉銀	

序號	漢譯	水字
233	念友	
234	龍犬	
235	六頑	
236	六朵	
237	六連	
238	魯骸	
239	則列	
240	排四引	

#	詞	符	#	詞	符	#	詞	符	#	詞	符
134	梯		170	草鞋		205	金醒		241	頭	
135	耙		171	帚		206	金果筆		242	臉	
136	犁		172	碗		207	引貫		243	眼	
137	鋸		173	錘		208	空濛		244	耳	
138	梭標		174	根		209	歲數		245	鼻	
139	鞍		175	筆		210	天數		246	嘴	
140	鼓		176	壺		211	狐鐸		247	手	
141	衙門桌		177	傘		212	姑秀		248	足	
142	桌		178	鐮刀		213	姑叉		249	腰	
143	棺		179	衣		214	姑短		250	腸	
144	水槽		180	隊別連		215	俄居		251	瞎眼	
145	軒		181	都居		216	五虎		252	人頭	
146	竹蒸籠		182	半用		217	梭項		253	祖	
147	蘿		183	八平		218	勾採		254	公	
148	叉		184	八本官		219	勾夾		255	母	
149	斧頭		185	輔苦		220	勾捏		256	父	
150	鑿子		186	傍堂		221	各本		257	兄	
151	旗		187	白木		222	翻梯		258	弟	
152	弓		188	破散		223	風溶		259	姐	
153	箭		189	撒家		224	阿撓		260	妹	
154	鈴鐺		190	地轉		225	虎兔		261	姑	
155	項圈		191	大皇		226	九巳		262	嫂	
156	梳子		192	夕耿		227	九火		263	叔	
157	箆子		193	正卯時		228	代牙		264	伯	
158	針		194	夕瓦		229	天嘴雞		265	舅	
159	線		195	夕擺		230	天翻		266	甥	
160	糖		196	夕棒		231	天罡		267	岳父	
						232	天罡		268	婿	

序號	漢譯	水字	序號	漢譯	水字	序號	漢譯	水字	序號	漢譯	水字
269	兒		307	戌		345	大		382	多	
270	孫		308	亥		346	小		383	層	
271	男		309	春		347	高		384	束	
272	女		310	夏		348	寬		385	月數	
273	夫		311	秋		349	长		386	滴酒	
274	婦		312	冬		350	方		387	九架	
275	人		313	古		351	話		388	典地	
276	旺		314	今		352	占		389	忌	
277	壽		315	時		353	边		390	紛紛	
278	逝		316	年		354	在		391	和	
279	敗		317	墓玄		355	位		392	計	
280	凶事		318	犯		356	堂扶		393	荒	
281	死		319	歡		357	涌恒		394	逢	
282	喪		320	當		358	引蠟		395	最	
283	骸		321	重喪		359	五錘		396	濃厚	
284	傷		322	退逃		360	地方		397	那	
285	坑		323	則鬥		361	一		398	那種	
286	瘦		324	滅		362	二		399	跳躍	
287	甲		325	初		363	三		400	跨	
288	乙		326	水傷		364	四		401	踢	
289	丙		327	吉		365	五		402	刀	
290	丁		328	牛洼		366	六		403	進	
291	戊		329	體顯		367	七		404	去	
292	己		330	絕體		368	八		405	轉	
293	庚		331	凶		369	九		406	倒	
294	辛		332	滅門		370	十		407	上吊	
295	壬		333	久		371	十一		408	毆打狀	
296	癸		334	正		372	十二		409	甩	
297	子		335	官印		373	百		410	抓	
298	丑		336	東		374	萬		411	補	

序號	漢譯	水字
299	寅	
300	卯	
301	辰	
302	巳	
303	午	
304	未	
305	申	
306	酉	

序號	漢譯	水字
337	南	
338	西	
339	北	
340	上	
341	中	
342	下	
343	左	
344	右	

序號	漢譯	水字
375	半	
376	堆	
377	群	
378	第	
379	元、始	
380	元	
381	眾	

序號	漢譯	水字
411	补	
412	喜歡	
413	慢	
414	封	
415	胡	
416	盤	
417	滿	
418	看	

序號	漢譯	水字
419	關	
420	促	
421	抽	
422	好	
423	宜	
424	獲得	
425	隨	
426	換	
427	駁使	
428	立	
429	流	
430	下山	
431	用力撐	
432	介紹	

序號	漢譯	水字
433	走	
434	錯	
435	夾住	
436	選中	
437	議論	
438	躍	
439	恨	
440	惡	
441	興	
442	千金	
443	乖	
444	屠	
445	跟	
446	出	

序號	漢譯	水字
447	深	
448	漫	
449	從	
450	等	
451	開	
452	暈	
453	天旋地轉	
454	哭	
455	退	
456	潮	
457	殺	
458	誣害	
459	三人行	

序號	漢譯	水字
460	散	
461	葬	
462	放置	
463	貝負	
464	飛	
465	祭	
466	掃	
467	醉	
468	抬凶死者	
469	滑	
470	閃爍	
471	連	
472	力	

二、水族水字造字法分析

　　綜觀上列四七二個水字，經過深入研究，筆者認為水族水字是借鑑漢字「六書」造字原理而創造出來的文字。按照水字造字原理，可將其分為三類。

（一）圖畫水字

水族水字是借鑑漢字「六書」的象形造字原理，描摹實物形狀，使其圖畫形象逼真。圖畫水字都是以實體呈現，不難看出圖畫水字是水族人民觀察實物形狀而創造的文字。例如：

1. 描摹動物形體特徵造字：如✳（人）、✵（魚）、〰（蟲）、✵（牛）、〜（蟲）、✵（馬）、✵（猴）、✗（蜘蛛）、✵（螺）。

2. 描摹植物形態造字：如✵（穗）、✵（果）、✵（花）、✵（穀）、✵（枝）、✵（林）。

3. 描摹物質現象造字：如☰☰（風）、⫴⫴（雨）、✵（雲）、✵（雷）。

4. 描摹器具造字：如✵（刀）、✵（斧）、✗（弓）、✵（筆）、✵（倉）、✵（棺）、♡（鞍）、▥（梳）、✵（屋）、✵（鋸）、✵（壺）、✵（犁）、▦（碗）、✵（帚）。

5. 描摹人體器官造字：如☺（臉）、▽（口）、β（耳）、✵（頭）、✵（腸子）、✵（手）。

6. 描摹宿象動物造字，二十八宿全為動物指代宿象，故水字宿象全部是描繪動物的圖畫水字。例如：✵（昂日雞）、✵（畢月烏）、✵（壁水㺄）、✵（參水猿）、✵（氐土貉）、8（鬥木蟹）、✵（房日兔）、✵（鬼金羊）、✵（箕水豹）、✵（角木蛟）、✵（井木犴）、✵（亢金龍）、◎（奎木狼）、✵（柳土獐）、✵（婁金狗）、✵（牛金牛）、✵（女土蝠）、✵（室火豬）、✵（危月燕）、✵（尾火虎）、✵（胃土雉）、✵（心月狐）、✵（星日馬）、✵（虛日鼠）、✵（翼火蛇）、✵（張月鹿）、✵（軫水蚓）、✵（觜火猴）。

（二）形意水字

水族人民對於有一定的實物形狀，但又有抽象的表意特徵，難以描摹之形，難以直指之事，難以直會之意，則通過象形兼指事、會意的造字方法來造字。

這一類字是水族人民自己借鑑漢字「六書」的造字方法而創造出來的文字，漢字、漢文化對這類水字的影響是極其明顯的，說明水族人民善於吸納先進的漢文化。可以推斷，水族地區老百姓口中那位創制水字的陸鐸公當是一位漢文化水準極高的智者。通過以下字例加以說明。

（1）與眼睛有關的一組類型字。

oo（眼睛）、⊙⊙（看）、••（瞎），兩個並列的小圓圈是一對眼睛的形狀，為圖畫水字；眼珠在轉動表示「正在看」這一動作，雙目塗黑表示什麼都看不見，為「瞎」字，後兩字為形意水字。

（2）與人相關的一組類型字。

⦂（人）、⚬⚭（死）、⚶（鬼），一個站立的人的圖像即為「人」字，為圖畫水字；平躺狀為死的表徵，作「死」字，而與「人」字相對立，頭朝下腳朝上者則為「鬼」字，後兩字為形意水字。

（3）接通天字的Ψ（神）字。

Ψ被水族作為人敬神的木制神架，Ψ字屬獨創圖畫水字。敬神的木制神架表示能接通天神，是人與天神對話的橋樑。古漢字「豊、豐」同字：豐，為「行禮之器」，祭祀高腳盤「豆」上「以玉事神」。水族Ψ字

與漢字𥁕的造字原理有共通之處。ﾘ字是水族祭神文化習俗最生動、最形象的文化詮釋。

（4）與多人有關的三個水字。

🐾（眾多）、🐾（議論）、🗛（衙門桌）。🐾（眾多）類似一個站立的「人」的圖畫形象，用三個並列的頭顱集中在一起表示人很多的意象；🐾（議論）同樣用三個集中在一起的頭表示很多人在互相討論問題；🗛（衙門桌）字中三個並排的人頭可理解為縣令與其左右副手在審判案件。

（5）與碗有關的三個字。

🎱（碗）、🎴（祭）、🎨（歹）。這三個字都與碗有關，很多碗口朝上排列在一起的碗作「碗」字；在供桌上進行祭祀要用碗來裝供品，人是坐著吃，鬼與人相反，則將供桌倒立來表示所祭的鬼神在享用，用此表徵來作「祭」字；「歹」在此只能作表音，是水書「歹碗」（音譯）的簡寫，指通過禳解，凶象已經退去的意思；「🎨」的字形表達的是鬼神得到人的敬奉後的滿足，邊吃邊走，漸行漸遠的形象。

以上兩類水字，實際上是受到漢字三口為「品」，三人為「眾」，三石為「磊」等字的造字原理方法的啟發而創制。

（6）與「♀」有關的幾個字。

♀（錘）、🎇（五錘）、✄（哭）、🎣（去）、♀♀（抓）。「♀」是錘子的象徵，作「錘」字；「🎇」五把錘子在一起，是水書「五錘」條目的表示符號，水族人認為，若有人觸犯這一條目，他的身體健康、家中的錢財、五禽六畜等都要被如同五把錘子一般的鬼不斷地猛打，導致身體衰

弱、錢財耗散、牲畜餵養不成等；「✂」表示人互相錘打，才產生哭的動作，用以作「哭」字；「↝」用一個被扔出去的意象表示「去」字；「ᕦᕤ」表示雙臂合圍，拳頭靠攏，緊抓不放這一意象，作「抓」字。

（7）秂（祖），开表示高高在上的天，其義指高，▽表示人，與上下會意，指人的最高輩份為祖。

（8）杏（父），大字在天字之下，一家有幾口人均在大字之下，故為父。

（9）堃（星）指星光在大地上空閃耀。

（10）㮇（泉）指示井口，並有流水。

此外，ㅿ（上）、帀（下）、彐（左）、彡（右）、㸚（破）等都是具有表意特徵的水字。

（三）假借水字

假借水字絕大部分借用漢字，因而和漢字的楷書、甲骨文、金文、篆書等字體部分相似，從字形上又進行了省寫、反寫、減寫、添加等改造。這樣使得水字顯得撲朔迷離，因而具有隱秘性。這類字多為天干地支、數位記號字，也有少量同音水字的假借。

假借水字字形變化表現為下面五種情況。

（1）假借漢字天干地支字。水字是祭祀占卜所用的文字，水書先生祭祀占卜，全部借用漢字中的天干地支字記日、記時、記方位。這類假借水字字形與漢字字形沒有太大不同，讀音也與漢字頗為相似。如丑、午、

未等都是使用漢字原形，部分水字在字形上稍有變化，如王（壬）、申（申）、♭（己）。

（2）假借漢字天干地支字，字形筆劃增損變形或反寫、倒寫，如▽（甲）、↰（乙）、下（丁）、彐（子）、匠（丑）、士（午）、朮（未）。

（3）假借漢字數位字，從一至十這十個常用數位字形和漢字字形沒有不同之處，這在後期抄寫的文獻卷本是更為明顯，如)（（八）、如十（十）。

（4）假借漢字數位字，字形筆劃增損變形或反寫、倒寫，如⌒（一）、⌒⌒（二）、⌒⌒⌒（三）、田（四）、兴（六）、寸（七）、乜（五）、古（九）。

（5）假借同音水字，如弓（南、男字通用）、卅（地、第通用）、兴（六、祿通用）。

在水書古籍文獻中，假借水字使用頻率特別高。筆者曾對入選第一批國家珍貴古籍名錄的水書《泐金・紀日卷》進行研究，該部水書古籍經有關專家鑑定，確定為明代水書抄本，是水族地區現存最早的水書典籍。在《明代水書〈泐金・紀日卷〉殘卷水字研究》一文中，筆者曾對其做過窮盡式調查統計，結果表明：在《泐金・紀日卷》明殘卷中，水族獨創水字三十三個，但只占全書用字使用頻率的百分之四十九點六；而其假借水字雖然只有二十八個，但卻占全書用字使用頻率的百分之五十點四。通過考察後代水書典籍可以發現，雖然水字有五百個左右，但獨創水字在水書典籍中使用頻率始終不高，甚至大大低於早期水書典籍，如《泐金・紀日卷》明殘卷中獨創水字的使用頻率。而水書中的假借水字，數量雖然只有

幾十個，但其主要功用能夠滿足水書經師在占卜中記錄天干地支、時間日期、方位地理、次序數目以測吉凶的需要，所以從漢字中借用的假借水字的使用頻率相當高。

筆者遍查水書古籍文獻，至今沒有發現運用形聲造字法創造的水字。這是水族水字停留在較低層面且字數較少的重要原因之一。

三、結語

水族人民使用的水語屬漢藏語系壯侗語族侗水語支。水語與漢語同源共生，水語、漢語之語言語義有諸多密切對應關係。曾曉渝《漢語水語關係論》一書研究指出：「漢語與水語的關係是歷時的，動態的，是同源—分化—接觸的發展過程。」[1] 水字受漢字「六書」原理的影響，借鑑「六書」象形、指事、會意之造字原理，獨創了圖畫水字和形意水字，又借鑑漢字假借原理創造了假借水字。水族水字屬於象形表意體系的祭祀占卜文字、語段文字，主要供水書先生祭祀占卜之用，還不能一一記錄水語中的詞，故而字數較少。二十世紀四〇年代，李方桂在《莫話記略・水話研究》一書中指出：「水家文字似乎只為占卜用的，除巫師外大多數人是不會讀的。」[2] 六十多年過去了，水族水字的使用情況仍然如此，故而水族人一般不認識水字；水字還不能成為記錄水語的交際工具，只是供水書先生祭祀占卜用的語段文字。筆者曾撰《關於水族水字水書起源時代的學術思考》等文指出：水族地區目前所能見到的水字水書實物和可靠傳世史料典籍都是明代的。根據《舊唐書》《新唐書》，南宋馬端臨《文獻通考》等史籍關於「撫水州」「撫水蠻」的記載，可知水族在唐朝才作為單一的

民族最早在廣西環江、宜州一帶形成，所以筆者認為水字水書的創制起源不會早於唐代。從水語早期至今水書漢借字與中古漢字和現代漢語字音相同相近的對應關係來看，記載水族文化的水書水字，其創制起源不應當早於該民族成為單一民族的時代。[3]

◐ **參考文獻**

〔1〕曾曉渝.漢語水語關係論〔M〕.北京：商務印書館，2004.

〔2〕李方桂.莫話記略·水話研究〔M〕.北京：清華大學出版社，2005.

〔3〕饒文誼，梁光華.關於水族水字水書起源時代的學術思考〔J〕.原生態民族文化學刊，2009（4）.

（原載於《黔南民族師範學院學報》2015 年第 3 期）

明代水書《泐金‧紀日卷》殘卷水字研究

饒文誼　梁光華

　　水書是水族人民所使用的水字和使用水字書寫的文獻典籍的總稱。水書是水族人民至今仍在使用的珍貴少數民族文獻典籍。二〇〇六年五月，「水書習俗」被國務院批准列入第一批《國家級非物質文化遺產名錄》。目前水族地區所見到的最早的水書典籍是明代的水書典籍。貴州省荔波縣檔案館館藏精品水書——《泐金‧紀日卷》就是一部經專家鑑定的明代水書。貴州省人大常委會副主任、貴州省文史研究館館長、研究員顧久，貴州省史家學會會長、貴州省社會科學院研究員熊宗仁等省級評審鑑定專家對水書《泐金‧紀日卷》做出了如下評審鑑定意見：

　　該藏件係目前荔波縣檔案館館藏水書中時間最為久遠的一冊。據水書大師王品魁先生生前考證屬明代手抄本。專家們從紙質、文字書寫風格、書寫工具（係用竹籤或細竹管）判斷，亦認為是目前最古老的。該藏件使用的墨色、彩色推斷為當地所出的礦物顏料與植物染料。從書寫風格上判斷，全書由多人共同完成，但內容完整連貫。其預測的內容廣泛。該藏件中有三個符號與夏陶符號相同。[1]

　　貴州省檔案局（館）和荔波縣人民政府組織水書專家翻譯了這本明代水書《泐金‧紀日卷》，貴州人民出版社二〇〇七年十月精裝彩色影印出版了《泐

金‧紀日卷》。這本水族地區目前所見最早的明代水書《泐金‧紀日卷》是筆者所承擔的國家社會科學基金專案「水族水書語音語料庫系統研究」（批准號 07XMZ004）的研究文本之一，筆者認真研讀了《泐金‧紀日卷》原文，對其所使用的全部水字進行了窮盡式的調查研究，旨在窺見、總結目前所見最古老的水族水書典籍在明代使用水字的原始風貌，並概述筆者關於水字創制、水字水書最早創制起源年代的一些學術思考。茲將明代水書《泐金‧紀日卷》（見圖 1）的水字調查研究觀點分述如下。

圖 1　《泐金‧紀日卷》殘卷原文

一、明代《泐金‧紀日卷》殘卷水字總匯表

明代水書《泐金‧紀日卷》殘卷原文僅有十八頁，採用了竹籤手書

體，行文從上到下、從左到右書寫閱讀；每頁中部用手寫橫線隔成上、下兩部分；水字墨黑，宿象水字和部分吉、凶字塗有朱紅色，標示吉凶程度的加深，棉紙焦黃，原始古樸。明代水書《泐金‧紀日卷》本應有七元甲子的內容，但荔波縣檔案館所藏的《泐金‧紀日卷》並不完整，第五元甲子僅有三分之一左右的內容。上文中省級專家組鑑定意見說「內容完整連貫」，恐是偶疏所致。貴州省檔案局（館）、荔波縣人民政府交由貴州人民出版社二○○七年七月公開出版的《泐金‧紀日卷》其第五元甲子後半段的內容到第六、第七元甲子的內容，是根據水族地區後來找到的水書《泐金‧紀日卷》補寫的內容，而且也沒有注明版本，所以本文不調查統計這部分補寫的內容，而只調查統計、研究明代水書《泐金‧紀日卷》殘卷原文（以下簡稱《泐金》明殘卷）的內容，目的是歷史地、完整地窺見《泐金》明殘卷使用水字的原始風貌。茲將《泐金》明殘卷水字使用情況調查統計清單如表 1 所示。

表 1　《泐金》明殘卷水字使用情況調查統計表

分類	水字	水語讀音	漢譯	使用頻率	異體字	佔用字總數的百分比
次序數目水字	廿	ti^6	第	5	廿	0.75％
	一	$ŋjit^7$	一	1		
	二	$ȵi^6$	二	1		
	三	$ha：m^1$	三	2		
	四	$ɕi^5$	四	1		
	乎	$ŋo^4$	五	1		

續表

分類	水字	水語讀音	漢譯	使用頻率	異體字	佔用字總數的百分比
天干地支水字	〔符〕	ta：p^7	甲	32	〔符〕	42.80％
	〔符〕	ŋjit^7	乙	31	〔符〕	
	〔符〕	pieŋ^3	丙	30		
	丁	tieŋ^1	丁	31	〔符〕	
	〔符〕	mu^6	戊	30	〔符〕	
	〔符〕	ʨi^6	己	29	〔符〕	
	〔符〕	qeŋ^1	庚	30	〔符〕	
	〔符〕	ɕin^1	辛	31	〔符〕	
	〔符〕	ȵim^2	壬	31	〔符〕	
	〔符〕	ʨui^5	癸	31	〔符〕	
	〔符〕	ɕi^3	子	25	〔符〕	
	〔符〕	Su^3	醜	25	〔符〕	
	〔符〕	jin^2	寅	25	〔符〕	
	〔符〕	ma：u^4	卯	25	〔符〕	
	〔符〕	sən^2	辰	25	〔符〕	
	〔符〕	ɕi^4	巳	25	〔符〕	
	〔符〕	ŋo^2	午	27	〔符〕	
	〔符〕	mi^6	未	27	〔符〕	
	申	sən^1	申	27	申	
	〔符〕	ju^4	酉	25	〔符〕	
	〔符〕	xət^7	戌	25	〔符〕	
	〔符〕	ka：i^4	亥	24	〔符〕	

續表

分類	水字	水語讀音	漢譯	使用頻率	異體字	佔用字總數的百分比
宿象水字		qhak⁷ mok⁸ qa：u¹	角木蛟	8		14.94％
		qham⁵ ɬim1ljoŋ²	亢金龍	8		
		te1thu³ la：k⁸	氐土貉	8		
		mja：k⁸ ȵit⁸ thu⁵	房日兔	8		
		ɕim¹ ni⁴ ndju¹	心月狐	8		
		ɬim² ŋo⁴ hu³	尾火虎	8		
		ɬu³ sui³ peu⁵	箕水豹	8		
		thu⁵ mok⁸ ha：i⁵	鬥木蟹	7		
		ta：i⁶ ɬim¹ ȵu²	牛金牛	7		
		njo⁴ thu³ fok⁸	女土蝠	8		
		su¹ ȵit⁸ su¹	虛日鼠	8		
		niu⁴ mai⁴ jin⁵	危月燕	8		
		pit⁷ fa³ tsu¹	室火豬	8		
		pi ŋ⁶ sui³ xə¹	壁水㺄	8		
		khui¹ mok⁸ la：ŋ²	奎木狼	8		
		wa：ŋ⁴ ȵit⁸ qau³	婁金狗	8		
		ŋa² thu³ ti⁶	胃土雉	8		
		ŋa² ȵit⁸ ɬe¹	昂日雞	8		
		pit⁷ mai⁴ ɹu¹	畢月烏	8		
		foi³ fa³ au¹	觜火猴	8		
		sam⁵ sui³ jon²	參水猿	8		
		ɕeu¹ mok⁸ ŋa：n⁶	井木犴	8		
		ɬui³ jum¹ ja：ŋ²	鬼金羊	8		
		lu⁴ thu³ tsja：ŋ¹	柳土獐	8		
		sja：ŋ¹ ȵit⁸ ma⁴	星日馬	8		

宿象水字	🜨	tsa³ ɲot⁸ lok⁸	張月鹿	8		
	🜨	ŋit⁷ fa³ sja²	翼火蛇	8		14.94%
	🜨	kən³ sui³ jin²	軫水蚓	8		
吉凶水字	�	ɬit⁷	吉	106	 ㄎ ㄐ	7.20%
	ㅿ	ɬit⁷	吉	216	ㅄ ㅄ	14.67%
	ㅅ	ɕoŋ¹	凶	133		9.04%
	ㄗ	ɕoŋ¹	凶	155	ㄗ	10.52%
其他水字	○	ɲit⁸	日	1		0.08%
合計	61			1472		100%

二、《泐金》明殘卷水字試析

表 1 調查統計顯示，《泐金》明殘卷水字總數為一四七二字。除去重複使用的字，實際只有六十一個不同的水字（說明：「ㄎ」與「ㅿ」這組異體字算作二個水字；「ㅅ」與「ㄗ」這組異體字算作二個水字）。這說明水族地區目前發現的最古老的水書典籍——《泐金》明殘卷使用的水字數量不多。筆者經過分析，將《泐金》明殘卷所使用的六十一個水字分為兩個大類。

（一）水族獨創水字

水族人獨創了二十八宿圖像水字。《泐金》明殘卷是明代水族人以星宿紀時紀日，占卜方向以兆吉凶的古代水書典籍。水族人要記錄水族天文曆法中的雷宿、龍宿、竹鼠宿等二十八宿，每一個宿象各找一種昆蟲動物來作為它的代表，水族人獨創了記錄二十八宿的二十八個圖像水字（見表 1）。這二十八個圖像水字全部是圖像逼真的象形水字，還沒有抽象昇華

為點、橫、豎、撇、捺、勾、折等文字筆劃，而且都是三音節水字。水族人用象形造字法創造的這二十八個圖像逼真的三音節圖像水字一直在後代的水書典籍之中沿用，至今未變。這說明水書水字仍然停留在比較原始的文字水準階段。

在《泐金》明殘卷中，水族人除了獨創記錄二十八宿的二十八個圖像水字之外，還獨創了「卅」「☒」「♀」「ⱷ」「○」五個水字，試析如下。

「卅」是記錄次序的「第」，讀音為 ti⁶，與漢語表示次序的漢字「第」意義相同，讀音相近，是水族人獨創的純符號指事字。「卅」後來在水書中又被借去記錄同音的「土地」的「地」。在後來的水書典籍中，表示次序義的本字「卅」與記錄土地義的假借字「卅」同時使用。後代的假借水字「卅」也有反向寫作「卅」的。例如，《水書・喪葬卷・虎牛（五）》：「卅一卅二♂申ⱷ☒○☒。」（第一第二庚申甲寅日凶。）《水書・正七卷・傷命》：「王彡生ⱷ酉卅。」（子午年卯酉地。）

「☒」是記錄吉凶的「凶」，讀音為 ɕoŋ¹，與漢語「凶」字意義相同，讀音相近，是水族人獨創的純符號指事字。

「☒」字的另一個異體寫法是「♀」。「○」表示人頭，「⋏」表示人的頭髮，頭髮向下則表示人頭向下，人頭向下即為凶象。「♀」就成為「☒」（凶）字的另一個同音同義不同形的異體字。「♀」字是水族人用會意造字法獨創的一個會意水字。「♀」是「♀」的異體字。「☒」「♀」這兩個水字在水書典籍中同時使用，古今不變，而且使用頻率很高。在《泐金》明殘卷中，「☒」和「♀」共用二八八次，其使用頻率達到了全書用字總

數的百分之十九點五六。後代水書典籍，幾乎每頁都在重複使用「☒」「♉」二字，故不舉例。

「ⱱ」是記錄吉凶的「吉」，讀音為tit7，與漢語「吉」字意義相同，讀音相近。「ⱱ」的造字原理與「♉」相同：「○」表示人頭，「∨」表示人的頭髮，頭髮向上則表示人頭向上，人頭向上即為吉象。「ⱱ」字是水族人用會意造字法獨創的一個會意水字。「ꚃ」是「ⱱ」的異體字。在《泐金》明殘卷中，「ⱱ」「ꚃ」共用二一六次，其使用頻率達到了全書用字總數的百分之十點五二。後代水書典籍，幾乎每頁都在重複使用「ⱱ」「ꚃ」二字，故不舉例。

「○」是水族人獨創的象形水字「日」字。太陽始終是圓形的，水族人用象形造字法獨創了象太陽之形的「日」字。在《泐金》明殘卷中，象形水字「○」只使用了一次，但在後代水書典籍中，象形水字「○」使用頻率還是比較高的。例如，《水書・分割卷》：「Ɛ〤○�。」（己丑日吉。）《水書・喪葬卷》：「卅丁二⚹ホ少○☒」（第二丁亥丙午日凶。）

（二）水字假借漢字

水字是水族人民主要用來記錄祭祀、占卜的文字，水字還不能滿足記錄全部水語詞彙、反映水族人民日常生活的需要。在《泐金》明殘卷中，水族人獨創的水字只有三十三個。水族人祭祀、占卜，只有這三十三個獨創水字遠遠不能滿足祭祀、占卜的需要，所以水族人後來又借鑑漢字象形、指事、會意等造字方法獨創了一批水字。例如，⚹（破軍星）、◎（弼星）、♁（輔星）、ꙮ（雲）、ꙭ（花）、禾（木）、森（林）、䨍

（祖）、∘∘（眼）、∞眼（看）、✂（刀）、𢁭（母）、ᴗ（九火）、ᨓ（上）、𝅘（下）……由於水字仍然停留在比較原始的文字水準階段，所以水族人獨創的水字數量不多，遠遠不能滿足記錄水語的需要，於是水族人採用漢字假借的造字法創造假借水字。在《泐金》明殘卷中，水族人假借漢字中的天干地支二十二個字、數位「一二三四五」和「吉」一共二十八個漢字來滿足當時占卜紀日紀時、測定方位和記錄次序的需要。由於水書主要是水族人民占卜吉凶、記載其獨特的天文曆法等的典籍，帶有相當的隱秘性，不能為外族人所知，所以水族人既獨創水族人自知的水字，又在假借漢字用作水字的過程中，或對假借的漢字作變形省寫，或作反向、側向變形省寫，由此形成了人們常說的非常難懂的「水書反書」。水書典籍向來是由水書經師（或稱水書先生）父子相傳、師徒相傳，手寫傳抄，手寫字形差異大，異體字多，無標準字形。又由於水字只是語段文字，主要供水族人占卜祭祀之用，遠遠不能滿足記錄水語詞彙的需要，向來依靠水書經師（先生）或父子、師徒相傳、釋讀講解水書經典內容，秘不外傳，所以使得水書水字撲朔迷離、神秘莫知。著名學者李方桂教授指出：「我在荔波的時候（1942），聽說水家有文字，但是我沒有找到。後來回到南京，蒙那時的邊疆教育館館長凌純生先生惠借幾本水家書的抄本。這些書多是占卜用的書，只有巫師才會讀。原抄本沒有注音及譯文，所以無法讀。其中有些可以認出，與漢字的關係顯然易見。」[2] 目前學術界對水書水字的研究尚停留在相對表層的階段，其說不一，其造字、借字的方法和原理尚待深入探討、研究。筆者參考《泐金》明殘卷，並結合後代水書典籍，基於已有的研究成果，研究明代水書水字假借漢字的用例，從而探尋並總結其假借水字的規律。《泐金》明殘卷水字對漢字的假

借，可以分為以下兩類。

1. 水字假借漢字甲骨文、金文、小篆字體

《泐金》明殘卷水字假借漢字甲骨文、金文、小篆字體，或作變形、反向省寫的字有以下六個：∿（乙）、◁▷（卯）、主 主 壬（壬）、刈（辛）、Ƨ（己）、㞢（酉）。簡析如下。

乙，甲骨文作乁（菁五‧一），金文父乙鼎和《說文解字》小篆均作乁。水字假借反向略作變形寫作∿、ⱳ。

卯，甲骨文作◁▷（鐵一四四‧一）、◁▷（林一‧一、二），金文作）（（旂鼎），漢金作（卬）（尚方竟三）。水字假借，寫作◁▷、ᴑᴅ。

壬，金文湯叔盤作王，《說文解字》和漢印小篆均作壬。水字假借，寫作王。

辛，金文子辛卣作辛。水字假借，反向略作變形，省寫作刈、刈、夂。

己，金文大鼎作己、鐘伯鼎作己，《說文解字》小篆與金文相似。水字假借，寫作Ƨ。疑水字假借金文、小篆「己、己」，中筆斷寫變形，或反向變形，中筆斷寫而成水字㢆。

酉，甲骨文作（酉）（拾五‧七），金文作（酉）（酉卣）。水字假借，略作變形，寫作㞢、㞢；後代水書或直接假借漢字楷書體，寫作「酉」，如《水書‧分割卷》：「⺀酉〇ㄎ。」（癸酉日吉。）

2. 水字假借漢字楷書字體

《泐金》明殘卷假借水字主要假借漢字楷書字體，或直接假借，或反向、側向變形省寫。簡析如下。

丁，水字假借漢字楷書「丁」，或直接寫作丁，或反向寫作 T，或省勾，寫作 T。

申，水字假借漢字楷書「申」，或直接寫作申，或手寫變形作 甲。

子，水字假借漢字楷書「子」，或變形寫作 Ƌ，或反向變形寫作 Ƌ。後代水書也有直接假借漢字楷書「子」的，如《水書‧分割卷》：「庚子 Oᴴᴈᴺ。」（庚子日棺。）

丑，水字假借漢字楷書字體「丑」，或略作變形寫作 Ƶ，或反向寫作 Ɛ、Ⴢ；後代水書或直接假借漢字楷書體，寫作丑，如《水書‧寅申卷》：「壬申 O 丑未 ヲ。」（壬申日丑未時吉。）

辰，水字假借漢字楷書「辰」，變形省寫作 ﷯；後代水書或反向寫作 ﷯，如《水書‧正七卷》：「▽﷯。」（甲辰。）「ゐ﷯。」（丙辰。）《水書‧分割卷》：「ﴰ﷯O。」（戊辰日。）

巳，水字假借漢字楷書「巳」，變形省寫作 Ƨ，或反向變形省寫作 Ⴄ。水字 Ƨ（巳）與 S（己）的假借途徑顯然有別。假借水字「S（己）」是假借漢字金文體 ﻭ，中筆斷寫、變形寫作 ʔ，或反向寫作 S；而假借水字 Ƨ、Ⴄ 則明顯是假借漢字楷書「巳」變形省寫或反向變形省寫而成。

午，水字假借漢字楷書「午」，倒向寫作☱、☳，後代水書也有直接假借漢字楷書「午」而不倒向書寫的，如《水書‧正七卷》:「壬午卯酉年。」（子午卯酉年。）

未，水字假借漢字楷書「未」，省寫字上部出頭的豎，變形寫作禾；又由於手寫不統一的原因，《泐金》明殘卷在字下部贅加一短橫，寫作未，或把字上部的橫變為撇，寫作禾，頗與漢字禾苗的「禾」相似。後代水書也有直接假借漢字楷書「未」的，如《水書‧正七卷》:「丑未辰年。」（丑未辰年。）也有反向書寫作「未」的，如《水書‧正七卷》:「癸未凶。」（癸未凶。）

戌，水字假借漢字楷書「戌」，變形省寫作丆、成。後代水書也寫作丆，如《水書‧寅申卷》:「第一丙戌日。」（第一丙戌日。）

亥，水字假借漢字楷書「亥」，變形寫作亥、亥。後代水書也有直接假借漢字楷書「亥」的，如《水書‧分割卷》:「癸亥日……凶。」（癸亥日……凶。癸亥二字直接假借，不變形。）

庚，水字假借漢字楷書「庚」，變形省寫作庚、庚。後代水書又寫作庚，如《水書‧寅申卷》:「甲申日庚寅日。」（甲申日庚寅日。）後代水書也有直接假借漢字楷書「庚」的，如《水書‧分割卷》:「庚子日棺。」（庚子日棺。）

丙，水字假借漢字楷書「丙」，變形省寫作丙。

甲，水字假借漢字楷書「甲」，變形省寫作甲、甲。後代水書又寫作

▽。例如《水書‧正七卷》：「▽子▽午。」（甲子甲午。）後代水書也有直接假借漢字楷書「甲」的，例如《水書‧寅申卷》：「甲⺤⺤。」（甲子辰年。）岑家梧[1]教授說水字「甲」與甲骨文「甲」「二者亦極相似」。經查，甲骨文作十（後上三、十六）、⊞（前四、六、八）、⊞（林一‧八、十四），均與《泐金》明殘卷假借水字▽、▽字形相去甚遠。

寅，水字假借漢字楷書「寅」，變形省寫作⺺、⺹、⺸。岑家梧教授說假借水字「⺺」與甲骨文「寅」字「相似」。經查，甲骨文作⺺（鐵六‧一）、⺹（拾十三‧十七）、⺸（前三‧四‧十一），均與《泐金》明殘卷和後代水書假借水字字形相去甚遠。

癸，水字假借漢字楷書「癸」，變形省寫作ᚆ、ᚅ、ᚊ。後代水書還有直接假借漢字楷書「癸」作假借水字「癸」的，例如《水書‧分割卷》：「丁癸酉◯。」（丁癸酉日。）岑家梧教授說甲骨文「癸」字形與水書「ᚆ」大致形同。經查，甲骨文作ᚆ（鐵十‧二）、ᚅ（後下一‧十二）、ᚊ（林一‧十五‧三），均與《泐金》明殘卷假借水字「ᚆ」字形相去甚遠。

戊，水字假借漢字楷書「戊」，變形寫作⺌、⺍、⺊。後代水書有寫作⺌的。例如《水書‧探巨卷》：「卌四⺌甲⨯◁◇⊠。」（第四戊申日辛卯日凶。）岑家梧教授說水書「⺌」「與甲骨文金文顯然相同矣」。經查，甲骨文作⺊（鐵四二‧一）、⺊（前七‧十三‧四）、金文戊寅鼎作⺊、山父戊尊作⺊，均與《泐金》明殘卷及後代水書假借水字「⺌」字形不同。

1　相關觀點源自於岑家梧教授發表於民國《西南民族文化論叢》的《水書與水家來源》。

吉，水字假借漢字楷書「吉」，變形省寫作ぢ、も。與水族獨創會意字ɤ、ѱ形成同義同音不同形的異體字，在水書中同時使用。在後代水書中，水字直接假借漢字楷書「吉」，只是把下部的「口」字改寫成向下的三角形，寫作も；也有變寫作ヂ的。例如《水書・正七卷》：「▽⌒生Ⅲ〇も。」（甲己年丑日吉。）《水書・探巨卷》：「ゑ步ヲヂ。」（亥午時吉。）「禾甲万ヂ。」（未申方吉。）在《泐金》明殘卷中，ぢ、も、ɤ、ѱ這組異體字共使用三二二次，占全書用字總數的百分之二十一點八七；其中ぢ、も共使用一〇六次，占全書用字數的百分之七點二。

數位一、二、三、四，水字直接假借漢字楷書體，字的讀音與漢字中古音相近（下文將詳細分析）。

五，水字假借漢字楷書「五」，倒向寫作夘；後代水書既有倒向右側寫作乇的，例如《水書・八探卷》：「廿乇壬Ⅲ〇。」（第五壬子日。）也有直接假借漢字楷書「五」的，例如《水書・正七卷》：「廿五▽壬。」（第五甲子。）

三、《泐金》明殘卷水字字音試析

上節筆者試析了《泐金》明殘卷水字的來源，認為水字來源有二：一是水族獨創水字三十三個；二是水族假借漢字為水字，一共有二十八個假借水字。

水語、漢語同屬漢藏語系的語言，因此水語、漢語在語音和語義上有若干相對應的關係。這是學術界公認的結論。筆者上節試析水族人除了獨

創的水字之外，還假借漢字為水字。水族人假借漢字為水字，不僅可以從字形上找到漢字本字與水字借字的淵源關係，還可以從語音上找到漢字本字和水字借字的淵源對應關係。例如《泐金》明殘卷所借漢語中表次序、數目的一組字「第一、第二、第三、第四、第五」，其水語讀音與中古漢語《切韻》讀音基本相近，如表 2 所示。

表 2　水語讀音與中古漢語《切韻》讀音比較

例字		水語讀音	中古漢語《切韻》讀音
卅	（第）	ti^6	ti
一	（一）	$ŋit^7$	ŋiĕt
二	（二）	$ȵi^6$	ŋzi
三	（三）	$ha：m^1$	sa：m
四	（四）	$ɕi^5$	si
五	（五）	$ŋo^4$	ŋuo

又如《泐金》明殘卷所借漢語漢字表天干地支的字，其水語讀音至今仍與現代漢語普通話讀音相近，如表 3 所示。

表 3　水語讀音與漢語普通話讀音比較

例字		水語讀音	漢語普通話讀音	備註
丁	（丁）	$tieŋ^1$	dīng	
万	（庚）	$qeŋ^1$	gēng	
乂	（辛）	$ȵim^2$	xīn	
卯	（卯）	$ma：u^4$	mǎo	
甲	（申）	$sən^2$	shēn	

孖	（子）	çi^3	zǐ	
S	（己）	ɬi^6	jǐ	
⊃	（巳）	çi^4	sì	
癸符	（癸）	tɬui^5	guǐ	
甲符	（甲）	taːp^7	jiǎ	古入聲清塞音韻尾「p」消失
午符	（午）	ŋo^2	wǔ	
丙符	（丙）	pieŋ^3	bǐng	
亥符	（亥）	kaːi^4	hài	
乙符	（乙）	ɹʝit^7	yǐ	古入聲清塞音韻尾「t」消失
辰符	（辰）	sən^2	chén	
酉符	（酉）	ju^4	yǒu	
寅符	（寅）	jin^2	yín	

　　另外，在水語中，還有許多漢語借詞的讀音，仍與現代漢語普通話讀音相同或相近，如表 4 所示。

表 4　水語中漢語借詞讀音與漢語普通話讀音比較

漢語借詞		水語讀音	漢語普通話讀音	備註
ᗺ	（凶）	ço^1	xiōng	
吉符	（吉）	ɬit^7	jí	古入聲清塞音韻尾「t」消失
盆		pən^2	pén	
馬		ma^4	mǎ	
門		mən^2	mén	
分		fən^1	fēn	
法		faːp^7	fǎ	古入聲清塞音韻尾「t」消失
墳		fən^2	fén	
巫		wu^2	wū	
多		to^1	duō	
銅		toŋ^2	tóng	

水	sui³	shuǐ	
海	hɑ：i³	hǎi	
世	sʅ⁵	shì	
皮	pi²	pí	
鞍	ɑ：n¹	ān	
爛	lɑ：n⁴	làn	
糖	tɑ：ŋ²	táng	
方	fɑ：ŋ¹	fāng	
牲	seŋ¹	shēng	

　　水字受漢字的影響、啟發和借用而產生。水語水字借字與漢語漢字本字在讀音與意義上存有密切的對應關係，充分證實了水族水書典籍中的水字假借漢字是歷史的不爭的事實。

四、結論與思考

（一）《泐金》明殘卷水字使用頻率

　　（1）《泐金》明殘卷獨創水字一共有三十三個。這三十三個獨創水字在全書一四七二個用字總數中的使用頻率為百分之四十九點六，分小類統計如下：

　　二十八個宿象水字在全書的使用頻率為百分之十四點九四；

　　屮、氺（吉）字在全書的使用頻率為百分之十四點六七；

　　呙、図（凶）字在全書的使用頻率為百分之十九點五六；

　　卅（第）、〇（日）字在全書的使用頻率為百分之〇點四。

（2）《泐金》明殘卷假借水字一共有二十八個。這二十八個假借水字在全書一四七二個用字總數中的使用頻率為百分之五十點四，分小類統計如下：

ㄚ、灬、王、𡆪 等二十二個天干地支假借水字在全書的使用頻率為百分之四十二點八；

古、去（吉）字在全書的使用頻率為百分之七點二；

一、二、三、四、五數目字在全書的使用頻率為百分之〇點四。

在《泐金》明殘卷中，水族獨創水字三十三個，但只占全書用字使用頻率的百分之四十九點六；而其假借水字雖然只有二十八個，但卻占全書用字使用頻率的百分之五十點四。考察後代水書典籍，雖然水族獨創水字增加到五百個左右，但獨創水字在水書典籍中使用頻率始終不高，甚至大大低於早期水書典籍，如《泐金》明殘卷中獨創水字的使用頻率。而水書中的假借水字，數量雖然只有幾十個，但其主要功用能夠滿足水書經師在占卜中記錄天干地支、時間日期、方位地理、次序數目以測吉凶的需要，所以從漢字中借用的假借水字的使用頻率相當高。水族文化專家石國義先生一生研究、傳承本民族文化，對水書水字頗有研究，他指出：

干支，即十天干（甲、乙、丙、丁……）和十二地支（子、丑、寅、卯……）按順序相配組成。從甲子、乙丑、丙寅、丁卯直至癸亥，以六十為週期的序數在水書中幾乎佔有百分之九十以上的比重，並且在水書中多用干支來紀年、紀日、紀時辰，也有用地支來表示方位的。[3]

曾曉渝教授也在《水族文字新探》一文中研究指出：從數量上看，自造字多於借用字。但在實際運用中，借用字裡的天干、地支、數量字等最

常用，幾乎在每一本水書中都出現。水字中的自造字數較多，使用頻率較低；漢借字數量較少，使用頻率高。[4]

（二）水語水字與漢語漢字的若干淵源對應關係

漢語水語同源共生，同屬漢藏語系，其語音語義存在密切的對應關係。水字又是受漢字的影響、啟發和借用而產生的，一類表現為古代深諳漢文化的傑出水族水字發明家如陸鐸公等學習、借鑑漢字象形、指事、會意等造字法而獨創水字；另一類表現為水族水字發明家學習、借鑑漢字假借造字法之原理，假借並變形、省寫、反書漢字而創造假借水字，使得假借水字具有隱秘性，不易為外族人所識讀。不管假借水字如何變形、省寫、反書漢字，假借水字都與漢字本字形、音、義存在密切的對應關係。推而廣之，水語的其他漢語假借詞始終與漢語的原詞在音、義上都存在密切的對應關係。

（三）關於水字水書起源的學術思考

關於水字水書最早創制起源年代，學術界有如下觀點。

一八六〇年，清代著名學者莫友芝在《黔詩紀略・紅崖古刻歌注》中說：「吾獨山土著有水家一種。其師師相傳有醫、曆二書，云自三代。舍弟祥芝曾得六十納音一篇。甲、子、乙、丑、金作；丙、寅、丁、卯、火、戊、辰、己、巳、木作，且云其初本皆從竹簡過錄，其讀音迴與今異而多合古，核其字畫，疑斯籀前最簡古文。」[5]

一九二五年刻本《都勻縣志稿》認為：「水書大氐古篆之遺，第相沿日久，漸多訛失耳。」

　　一九四三年，岑家梧教授在《水書與水家來源》中研究指出：「水書乃水家固有之文化，非得自外傳者甚明。水書字體，如干支字與甲骨文金文頗多類似；其象形原理，亦每與甲骨文相類似……至少水書與古代殷人甲骨文之間，當有若干姻緣關係，亦可斷言也。」

　　一九四三年，張為綱教授在《水家來源試探》中研究指出：「今日『水書』，已失卻其文字之功用，轉而為咒術之工具。然細考其字形，竟與武丁時期之甲骨文極為近似者……今水家之所以『鬼名』繁多，所以尊崇巫師，所以有為巫術用之『反書』，皆可為殷文化遺留之鐵證。」[6]

　　王品魁先生一九九三年在《水書探源》中研究指出：「《水書》的源頭應該是從《洛書》《周易》派生出來的，至今都可以在《水書》中找到這種姻緣的痕跡。」[7]

　　潘朝霖、韋宗林在《中國水族文化研究》中指出：「從水族文字記錄《水書》的形式和內容看，其文字遠在秦以前。」[8]

　　石國義、胡嶸權、潘中西三先生合撰的《神秘水書尋根》指出：「水文是一種與殷商甲骨文和金文同源的神奇古文字，但其創制和使用年代卻比殷商甲骨文、金文要早出很多。遠在距今六千多年前的顓頊、帝嚳高辛時代，這種文字就已為祝融氏共工家庭及其後裔，即水族的先民所掌握並傳承到了今天。」[4]

　　筆者綜觀學者們的論著，認為學者們關於水字水書創制起源「遠在秦以前」的觀點證據不充分，原因如下。

（1）水族作為獨立單一的民族，史書記載最早形成於唐初。《舊唐書‧地理志三》記載：「天寶元年（西元 742 年），改黔州為黔中郡，依舊都督施、夷、播、思、費、珍、溱、商九州[1]，又領充明、勞羲……撫水等五十州。」《新唐書‧地理志七》：「黔州都督府隸諸蠻州五十一……撫水州（轄）縣四：撫水、古勞、多蓬、京永。」撫水州即今廣西環江、宜州地區。南宋馬端臨《文獻通考‧四裔八》記載：「撫水蠻，在宜州南，有縣四：曰撫水、曰京永、曰多建、曰古勞。唐隸黔南，其酋皆蒙姓出。有上、中、下三房，民則有區、廖、潘、吳四姓。」水族《遷徙古歌》說：「古父老，住在西噶，發洪水，四處跑散。在廣東做不成吃，在廣西積不起錢。哥溯紅水上去，弟隨清水下來。我們的祖公渡過河岸，來到貴州，養育後代。」「撫水蠻」是古代漢族史籍對水族的蔑稱。水族早期的聚居地是廣西環江、宜州地區；明清以後，水族才遷徙到貴州南部三都、荔波、獨山及周邊的廣西南丹、黔東南榕江等地聚居生活。如果水字水書真的起源於「三代」（夏商周），真的是創造和使用年代都早於殷甲骨文、金文，或是遠在秦以前，那麼從夏商周、春秋戰國秦朝以來的漫長的歷史時期中不可能不留下刻寫有水字的實物，不可能不在水族、漢族或其他民族豐富的史料典籍中留下相關記載。但現在在水族早期的聚居地廣西環江、宜州地區和水族現在聚居的貴州南部三都、荔波、獨山、都勻、榕江等地區，既看不到夏商周秦至隋代有關水字水書的實物和史料，也看不到唐朝、宋朝、元朝有關水字水書的實物和史料。所以筆者認為水字水書「核其字畫，疑斯籀前最簡古文」，或是水字「比殷商甲骨文、金文要

1　《舊唐書‧地理志三》此云「黔中郡依舊都督」之「九州」尚缺一州。查無出處暫付闕如。

早出很多」，或是「其文字遠在秦以前」等觀點尚不能確證。如果沒有夏商周秦至隋朝諸時代刻寫的水字實物和史料證據來加以論證支持，那麼上述援引的關於水字起源的觀點，還只能是學者們的主觀推測之說。要使上述主觀推測之說成為定論，尚待有說服力的地下出土文物、史料和民間秘藏品面世印證方可作結。

（2）學術界目前所能見到的最早水字水書實物和史料都是明代的。本文研究的《泐金》明殘卷就是其中之一。在三都水族自治縣拉下村發現了一塊明代的墓碑，其碑文刻寫的全部是水字（見圖2）。原墓碑石現存於三都水族自治縣文物管理所。水書大師王品魁先生二十世紀末鑑定並釋讀了這塊水字碑文，水族人民都予以公認。現將王品魁先生發表於《水家學研究（三）》上的《拉下村水文字碑辨析》考鑑釋讀轉錄於下。

圖2 刻寫水字的碑文

碑文水字：

(水族文字碑文圖像)

意譯：

「墓主生於明仁宗洪熙元年（西元 1425 年）乙巳年六月十四日丙申日亥時。墓主歿於明孝宗弘治十三年（西元 1500 年）庚申年二月十一日丁卯時，享年七十六歲。

墓主於上元第六元庚申年癸酉日丙辰時安葬。」

這塊水族墓碑上一共有三十二個水字，其中有「ㄈ（年）、ㄗ（七）、十（十）、ㄨ（六）、彡（時）」等五個水字是《泐金》明殘卷上沒有的。

目前所能見到的水字水書實物和史料典籍都是明代的，且《舊唐書》《新唐書》，南宋馬端臨《文獻通考》等史籍都有關於「撫水州」「撫水蠻」的記載，由此可知水族作為單一獨立的民族最早在廣西環江、宜州一帶形成。又根據水語及早期至今水字漢借字與中古漢語和現代漢語普通話字音相同相近的對應關係，筆者認為水字水書的創制起源不會早於唐代。如果水族作為單一獨立的民族在唐初形成，那麼水族從唐代到元代近八百年的水字水書實物和史料尚待水族人民和關心、研究水族文化的各界同仁共同找尋，責任重大，任重道遠。

◉ 參考文獻

〔1〕貴州省檔案局（館），荔波縣人民政府.泐金·紀日卷〔M〕.貴陽：貴州人民出版社，2007.

〔2〕李方桂.莫話記略·水話研究〔M〕.北京：清華大學出版社 2005.

〔3〕石國義，胡嶸權，潘中西.神秘水書尋根錄〔C〕.貴州三都·中國水書第二次國際學術研討會論文集，2008.

〔4〕曾曉渝，孫易.水族文字新探〔J〕.民族語文，2004（4）.

〔5〕莫友芝.黔詩紀略·紅崖古刻歌注〔M〕.貴陽：貴州人民出版社，1993.

〔6〕張為綱.水家來源試探〔C〕//水族源流考.三都文史組，1985.

〔7〕王品魁.水書探源〔M〕//貴州省水家學會.水家學研究一.貴陽：貴州民族出版社，1993.

〔8〕潘朝霖，韋宗林.中國水族文化研究〔M〕.貴陽：貴州人民出版社，2004.

（原載於《黔南民族師範學院學報》2010 年第 1 期）

水族水書語料庫的建立原則研究

董芳　蒙景村　羅剛

　　語料庫是指按照一定的語言學原則，運用隨機抽樣的方法，收集自然出現的連續的語言運用文本或話語片段而建成的具有一定容量的大型電子文庫。目前語料庫的建設日益受到國內外語言學家的重視，其優勢在於收集的語料規模大，處理方法和操作手段更科學、更有效。水書是水族的一種古老文字，保存了大量的水族天文、曆法、氣象和宗教資料。水書沒有統一的刻版，均是手寫抄錄而得以流傳。其字體可分為古體、今體和異體三種，其字形結構大致分為圖畫文字、象形文字和借用漢字等，如圖 1 所示。水書的詞義分類較為複雜，有吉祥和凶禍兩類；就其使用範圍而言，也分為普通水書和秘寫水書；按形式劃分，有朗讀本、閱覽本、通常本、時象本、方位本、星宿本等。水書至今在水族人民日常生活中仍然被廣泛應用，其中以喪葬婚嫁和營造方面的應用最廣泛。

　　建立水族水書語料庫，將瀕於消失的水族水書以語料庫的形式系統地保存下來，能夠使國內外語言學習、研究者方便地進行水書資料的查詢、檢索和統計，為深入研究水族的宗教學、歷史學、民族學、民俗學、語言文字學等多學科研究奠定重要基礎，對搶救弘揚民族文化具有重大意義。但要建立這樣一個語料庫並不是一件容易的事情，本文擬討論建立水書語

料庫的一般原則。語料庫不是語言材料的簡單堆砌，由於水書的特殊性，在對水書語料庫進行規劃時，必須根據其特點來確立建庫原則。

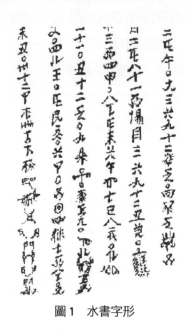

圖 1　水書字形

一、水書語料庫的真實性和代表性

（一）水書語料的真實性

語料庫語言學的一個重要特點是基於實證的研究。語料庫的真實性不僅要求語料庫中的樣本取自於真實的語言材料，而且要求語料庫中的樣本要來源於正在「使用中」的語言材料，包括各種環境下的、規範的或非規範的語言應用，要具有廣泛的社會性。目前在貴州省「水書」共徵集搶救到萬餘本原件，除發現殘存的明代弘治年間木刻本一卷之外，其餘的均是

手抄傳世卷本，很難找到內容完全相同的水書抄本。就是同一卷水書，不同版本之間的差別也很大，幾乎找不到完全相同的版本。基於以上情況，在考慮選取水書樣本時，除選取一些經過專家譯注出版的經典卷本外，如《正七卷》《日曆卷》《時辰卷》《壽寅卷》和《金堂卷》，還要選取一些原始的，同時是水書先生手上正使用的水書作為語料庫樣本，如《連山易》與黑書等。這樣才能使水書語料具有真實性。

（二）水書語料的代表性

真實的語言應用材料是無限的，但語料庫的樣本是有限的。建立語料庫時，須考慮如何使有限的樣本語料，盡可能多地反映無限的真實語言生活的特徵，使語料庫具有代表性。平衡性是語料庫代表性的重要影響因素。所謂平衡，不是指各種類型的語料在語料庫中佔有相同的比例，而是指語料庫中各種類型語料的比例恰當，這種比例能和每種類型的語言對實際語言生活的影響因子一致。只有平衡度較高的語料庫，才能提供覆蓋面廣、代表性強的資料。在語料庫選材時，要預先設計分類指標，科學地確定每種類型的語料在語料庫中的比例。在建立水書語料庫時需要考慮三個問題，一是語料庫的分類指標，二是每部分語料在語料庫中的比例，三是語料的選材方法。

1. 水書語料庫的分類指標

語料庫的分類指標即平衡因子，平衡因子是影響語料庫代表性的關鍵特徵。影響語言應用的因素很多，如語體，年代，文體，學科，登載語料的媒體，使用者的年齡、性別、文化背景、閱歷，語料的用途等。不能把

這所有的特徵都作為平衡因子，如果這樣，語料庫的設計就太複雜了。只能選取其中的一個或者幾個重要的指標作為平衡因子。

根據水書的特點，我們採用主題、文類、年代、使用地等四項指標作為平衡因子。

主題是指水書內容中主要涉及的範疇，水書主題分類有：正七卷（總綱）、分割卷（要目）、喪葬卷、婚嫁卷、起造卷、曆法卷、貪巨卷（九星運行）、五行卷（陰陽）、黑書卷（趨吉避凶）等九類。

文類是指水書呈現的方式，水書文類有綱目本、朗讀本、閱覽本、通常本、時象本、方位本、星宿本等七類。

年代是指水書抄寫年代，主要是明代、清代、民國、現代等四類。

使用地是指水書使用徵集的地區，主要有三都、荔波、獨山、都勻等地。

2. 水書各種類語料的比例

語料庫的平衡因子確定後，就要確定每一部分語料在語料庫中的比例。根據水書的實際情況，我們以主題為準，定出水書語料庫的內容比例，詳見表1。

表1　主題分布比例表

主題	正七卷	分割卷	喪葬卷	婚嫁卷	起造卷	曆法卷	貪巨卷	五行卷	黑書卷
比例	5%	5%	30%	20%	15%	10%	5%	5%	5%

3. 水書樣本選取

當水書語料的樣本比例確定後，就要考慮單個水書樣本的選取。單個樣本的選取要以樣本的代表性為主。為保證水書樣本的代表性，我們堅持以下選取原則：

（1）選取使用量大的水書樣本。使用量大的水書，覆蓋的人群要比使用量小的語料影響的人群要多一些。

（2）選取使用區域廣的水書樣本。使用區域廣的水書影響比較大一些。

（3）選取與現代生活相關度大的水書。與現代生活相關度大的水書對語言的應用更有影響，更具有代表性。

（4）兼顧各類水書的比例，使水書樣本覆蓋面廣。在條件許可的前提下，盡可能多選取一些類型的語料，要避免只選取最容易找到的水書的現象。

二、水書語料庫的準確性和純粹性

水書語料主要來自紙質文獻，為了保證利用水書語料庫進行的水書研究能夠獲得準確的結果，將紙質文獻轉換成電子文本時必須「保真」。這便是建立水書語料庫的準確性原則。目前已收集的水書有上萬種，且又有各種不同的手抄本，用字也缺乏規範，目前還沒有人能夠統計出水書文字的確切總數。如果將形體稍有變化的水字認為是不同的字，再加上用這些

字作偏旁的各種合體字，可謂變化無窮。實際上，水書電子化的「保真」，並不要求與紙質文獻完全「一模一樣」，不是形式上的完全「保真」，而是內容上的「保真」。換句話說，必須對水書進行「電子化整理」。在水書中，一字多體的異體字很多，個別水字有多達二十至三十個異體字，但如果不考慮具體情況，把所有的異體字都改成一個正體，這也會造成「形式」過分失真，無法滿足水書研究的需要。另一方面，水書文獻反映了古代水書的狀況，其中使用的文字雖然缺乏規範，但代表著不同歷史時期客觀存在的社會書寫系統。如果簡單地改為一種文字形式，整個整理工作就缺乏科學性。因此，水書語料庫的「電子化整理」工作應對不同時代的水書異體字進行確認，堅持水書文字的純粹性，然後在水書語料庫建成的基礎上再對水書文字進行規範化處理。水書語料庫是一個底層語料庫，需要對它進行管理和開發（如分詞和標注等）。

三、水書語料庫的開放性和穩定性

建立水書語料庫要貫徹開放性原則。水書語料庫應是一個開放的資源庫，它給所有需要水書資料的研究者提供統一的資源平臺。它的開放性體現在建設和應用兩個方面，也就是以網路為依託實現共建和通用。日益發展的網路技術和資料庫技術能夠讓分散在世界各地的專業工作者獨立工作，共用資源，整合成果。就是說，資料資源是由專業工作者獨立建設、維護的，但可以統一利用。通過這種積少成多的方式，可以逐漸形成完整的水書語料庫。水書語料庫都應是開放的，為了確保這一點，存儲語料資料的代碼應當是穩定的、共通的。這就是建庫的穩定性原則。從長遠看，

採用國際標準是資訊技術發展的必然趨勢。因此，水書語料庫採用國際統一的編碼體系是明智的選擇，便於水書語料庫的共同建設和軟體發展。

◉ 參考文獻

〔1〕潘朝霖，韋宗林.中國水族文化研究〔M〕.貴陽：貴州人民出版社，2004.

〔2〕董芳等.水書文字規範標準建設與資訊化的研究〔J〕.黔南民族師範學院學報，2005（5）.

〔3〕段慧明等.大規模漢語標注語料庫的製作與使用〔J〕.語言文字應用，2000（2）.

（原載於《黔南民族師範學院學報》2007 年第 6 期）

水書古籍的字切分方法

張國鋒

一、引言

　　水書是中國少數民族中較為獨特的文字，是現今世界上還存活的少有的象形文字系統，是水族精神文化的代表。它記載了古代和當今的水族語言、天文、曆法、地理、宗教、民俗、倫理、哲學、美學、法學等文化資訊。水書是水族文化的百科全書，是水族人民世代相傳的「聖經」，水書是水族地區人民生活的精神支柱，是人們日常行為的準則。

　　水書的書寫形式極有特點，根據陳昌槐先生的研究[1]，水書的書寫版式可分為以下五種：

　　（1）豎寫，即從右向左直行書寫；

　　（2）按八卦方向輻射式書寫，仿羅盤形式排列；

　　（3）宮掌圖，畫成手指圖形，用食指、中指、無名指的手紋分為十二宮，以定位定時辰來計算吉凶禍福；

　　（4）劃段，以線條或花條在字行上劃段，表示各段的意思；

　　（5）陰陽（正倒）形式，這種形式用於正常或

非正常死亡者的安葬擇日。

上述五種版式中，第一種版式占絕大多數，所以本文僅對水書的豎寫版式進行研究。

文字切分是針對單字的文字識別過程中重要的環節之一，文字切分的準確與否直接影響著文字識別的正確率。

現有的文字切分技術和應用領域。文字切分主要有三種常見的基本方法：①基於結構分析的切分，即主要根據字符的外形結構特徵；②以識別為基礎的切分，即通過識別反饋判斷切分結果是否正確，這種方法效果好，但相對比較複雜，效率很低；③整體切分，即將字符串作為一個整體進行識別，它依賴於定義好的詞典，使用範圍受到限制。[2]

目前，國內文字的切分研究主要集中在廣泛使用的漢字，主要是對脫機手寫體漢字進行切分處理研究。邵潔等對脫機手寫體漢字的切分方法進行了總結和分類，並對每類方法的優缺點加以比較。[3] 對於漢字的切分主要利用漢字的結構特徵、筆劃特徵、像素特徵進行切分處理研究，主要的切分方法有投影分析[4][5][6]、連通域分析[7][8][9][10]、曲線切分[11][12][13]、多切分策略[14]、像素分析[15]、貝葉斯分類器[16]、傅里葉變換[17]。另外，對於使用較為廣泛的維吾爾文[18][19]、女書[20]、彝文[21][22]等少數民族文字的切分也有部分研究，但對使用人數相對更少的水族古籍文獻的切分暫時缺乏研究。本文通過對水族文字的書寫特點和布局情況加以分析，提出一種結合投影分析和連通域分析的水書文字切分方法進行文字識別，通過實驗驗證，該方法對水書古籍文獻的切分效果較好，具有一定的

實用性。

二、水書文獻的切分處理

　　文字的切分處理常用的有兩種切分方法，分別是基於投影分析的切分方法和基於連通域分析的切分方法。基於投影分析的切分方法適用於布局規則的文本圖像，優點是演算法簡單，容易實現，但不能處理沒有明顯行列間隔的圖像，對傾斜和不規則文字布局難以處理，同時對字符的重疊、粘連現象不能正確切分處理，難以處理水書中面積較大的配圖和大的水書字符。基於連通域分析的切分方法通過對文本圖像進行連通域分析，實現文字的切分。其優點是能夠對面積較大的配圖和重疊文字進行有效切分，但該演算法較為複雜，容易受文獻圖像中噪聲的影響，會出現大量的切分區域，造成過度切分現象，需要對文本圖像中的噪聲點進行抑制處理，對大量的文字部件進行合併處理。

　　結合投影分析和連通域分析的優缺點，以及水書書寫的版式特點，我們提出一種融合投影分析和連通域分析的文字切分方法，其流程如圖1所示。

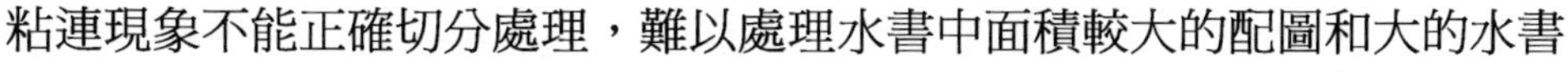

讀取水書古籍圖像 ⟶ 預處理 ⟶ 投影分析 ⟶ 連通域分析 ⟶ 連通域分析 ⟶ 輸出切分結果

圖1　切分演算法流程圖

（一）水書文獻的預處理

圖像在輸入處理過程中不可避免地會帶來噪聲，從而對圖像的品質造

成影響，而圖像品質的好壞將影響到圖像的識別效率，在水書古籍文獻的切分中則會造成切分率的下降。預處理過程中需要解決的問題主要有圖像去噪、圖像二值化。

當讀取完水書文檔圖像後，對其進行必要的預處理工作。首先將圖像的色彩模型由 RGB 色彩模型轉換為灰度模型；然後，為了減小背景像素對前景文字切分的影響，我們對水書文檔圖像進行二值化處理，採用的方法為最大類間閾值法，即 Otsu 方法；再在二值化的基礎上對二值圖像進行大小為 5×5 Wiener 低通濾波去噪處理；最後，為了加快切分處理的速度和減少噪聲干擾，我們利用數學形態學操作對圖像中面積小於一定閾值的圖像塊進行刪除處理。

（二）投影分析

由於水書古籍文獻的行書特點與漢語古籍的行書特點一致，都是按照從右到左、從上到下的順序書寫，我們先對水書古籍文獻圖像進行垂直投影分析，切分出單列的水書文字，然後在此基礎上，再對每列水書文字圖像進行水平投影分析，切分出單個的水書文字塊。切分完成後需要對小於一定高度的文字進行合併處理。切分處理如下：判斷同一列相鄰的兩個和三個切分塊的高度是否小於固定閾值 a，如果滿足該條件，我們對其進行合併處理，其公式如式（1）至式（4）所示。

$$x=\min\left(x_1 \text{，} x_2\right) \tag{1}$$

$$y=\min\left(y_1 \text{，} y_2\right) \tag{2}$$

$$\text{width}=\max\left(x_1+\text{width}_1 \text{，} x_2+\text{width}_2\right) \tag{3}$$

$$height=\max\left(y_1+height_1,y_2+height_2\right)\qquad（4）$$

在公式（1）至（4）中，x_1、y_1、width1、height1、x_2、y_2、$width_2$、$height_2$ 為合併前矩形 1 和矩形 2 的橫坐標、縱坐標、寬度和高度；x、y、width、height 為合併後新的矩形區域的橫坐標、縱坐標、寬度和高度。

（三）連通域分析

由於文字的重疊和粘連造成多個文字被切分在同一個文字塊中，不能得到正確的切分結果。經過統計分析，我們發現當切分的文字塊的寬度大於平均寬度×a，文字塊中會包含多列文字；當文字塊的高度大於平均高度×b，文字塊中會包含多行文字。我們對上述情況進行連通域分析，盡最大可能切分出單個水書文字。

（四）輸出切分結果

首先根據步驟二和三的計算結果在轉換後二值圖像上標注出文字塊的位置和大小，再將每個文字塊生成單個圖像，以利於後期的歸一化處理和類別標注。

在第二步中，通過對標注位置的圖像進行分析，除了配圖（如圖 2 所示）以外還包含粘連字號，針對粘連字號（如圖 3 所示），我們對其進行了最佳切分路徑處理，可以得到較好的切分結果。

 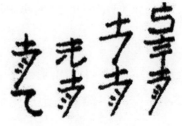

圖2　水書《婚嫁卷》中的部分配圖　　　　圖3　水書文字粘連示例

三、實驗及結果分析

　　我們在 MATLAB7.0 的環境下對本文提出的演算法進行實驗。實驗樣本為梁光華等人譯注的《水書‧婚嫁卷》[23] 中的原件影印圖像，共有二十八幅圖像，七十三個條目，四九三二個字，其切分結果如表 1 所示。

表 1　《水書‧婚嫁卷》切分結果

樣本編號	樣本切分數	誤切分字數	誤切分率	樣本編號	樣本切分數	誤切分字數	誤切分率
1	198	12	6.06%	15	137	4	2.92%
2	165	4	2.42%	16	173	6	3.47%
3	156	6	3.85%	17	142	8	5.63%
4	180	3	1.67%	18	187	10	5.35%
5	167	6	3.59%	19	163	8	4.91%
6	172	7	4.07%	20	176	9	5.11%
7	173	9	5.20%	21	149	10	6.71%
8	173	11	6.36%	22	212	10	4.72%
9	188	12	6.38%	23	217	14	6.45%
10	151	6	3.97%	24	188	6	3.19%
11	186	9	4.84%	25	181	11	6.08%
12	154	5	3.25%	26	193	15	7.77%

樣本編號	樣本 切分數	誤切 分字數	誤切 分率	樣本編號	樣本 切分數	誤切 分字數	誤切 分率
13	188	5	2.66%	27	190	9	4.74%
14	178	5	2.81%	28	195	10	5.13%
合計	4932	230	4.66%				

　　從表 1 中的實驗結果可以看出，切分的平均準確率達到了百分之
九十五點三。未能正確切分的文字主要為部分水書文字如「寅」和「六」
的上半部分和下半部分由於相距較遠不能正確合併導致切分錯誤，在後續
研究中，可以通過進一步地完善字符合併規則來解決。圖 4 為水書《婚嫁
卷》中一幅原圖及其切分結果。

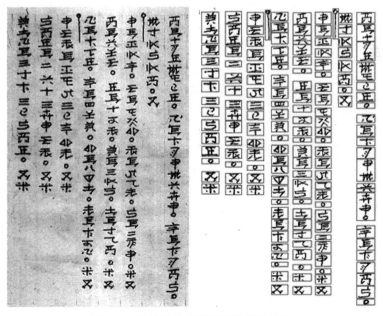

圖 4　水書婚嫁卷示例原圖及切分結果

四、結論

根據水書文字自身的書寫特點和版面布局，我們提出了先驗知識、投影分析、連通域分析相結合的水書文字切分方法。實驗表明，我們的方法可以滿足一定水書文字的切分需求，識別效果良好。我們的文字切分方法僅針對直排文字一種情況，其他幾種版式的文字切分，將是我們下一步的研究方向。

參考文獻

〔1〕陳昌槐.水族文字與《水書》〔J〕.中央民族學院學報，1991（3）.

〔2〕Casey R G, Lecolinet E.A survey of methods and strategies in character segmentation〔J〕.IEEE Transactions on pattern analysis and machine intelligence, 1996（7）.

〔3〕邵潔，成瑜.關於手寫漢字切分方法的思考〔J〕.電腦技術與發展，2006（6）.

〔4〕周雙飛，劉純平，柳恭等.最小加權分割路徑的古籍手寫漢字多步切分方法〔J〕.小型微型電腦系統，2012（3）.

〔5〕司建輝.基於鄰域覆蓋的離線手寫體漢字切分〔D〕.保定：河北大學，2009.

〔6〕曹衛.基於多閾值和多切分策略的間隙切分演算法〔J〕.電腦與數位工程，2011（1）.

〔7〕明德烈，柳健，胡家忠等.一種改進的手寫漢字文本切分演算法〔J〕.華中理工大學學報，2000（2）.

〔8〕王琳琬，楊揚，頡斌等.基於連通域單元和穿越演算法的漢字切分〔J〕.資訊技術，2004（4）.

〔9〕陳豔，孫羽菲，張玉志.灰度圖像中字符切分方法的研究〔J〕.中文資訊學報，2004（4）.

〔10〕柳培忠，寧欣，李衛軍.一種網頁圖像文字分割方法〔J〕.電腦工程與應用，2014（10）.

〔11〕王江晴，曹衛.基於極小閾值和曲線擬合的垂直投影漢字切分〔J〕.中南民族大學學報（自然科學版），2011（4）.

〔12〕呂岳，施鵬飛，張克華.基於漢字結構特徵的自由格式手寫體漢字切分〔J〕.電子學報，2000（5）.

〔13〕李南希，金連文.脫機無約束手寫體中文文本行的字符切分方法〔J〕.華南理工大學學報（自然科學版），2010（10）.

〔14〕劉剛，丁曉青，彭良瑞等.多知識綜合判決的字符切分演算法〔J〕.電腦工程與應用，2002（17）.

〔15〕王輝，王嘉梅.一種基於像素點的手寫體文本圖像分割方法〔J〕.電腦應用與軟體，2009（11）.

〔16〕肖波，徐蔚然.基於貝葉斯分類器的混排文字切分與分類〔J〕.電腦工程與應用，2005（10）.

〔17〕朱小燕，王松.傅立葉轉換在粘連文字圖像切分中的應用〔J〕.電腦學報，1999（12）.

〔18〕靳簡明，丁曉青，彭良瑞等.印刷維吾爾文本切割〔J〕.中文資訊學報，2005（5）.

〔19〕瑪日耶姆古麗·米吉提，哈力旦·A.基於複雜背景的彩色圖像中維

吾爾文字切分〔J〕.電腦工程與科學，2012（9）.

〔20〕劉賽，王江晴，張振繪.一種用於脫機手寫體女書字元切分的方法〔J〕.電腦應用研究，2011（3）.

〔21〕劉賽，李益東.彝文文字識別中的文字切分演算法設計與實現〔J〕.中南民族大學學報（自然科學版），2007（3）.

〔22〕劉賽，朱宗曉，馬志強等.基於連通域的彝文文字切分演算法的設計與實現〔J〕.中南民族大學學報（自然科學版），2009（2）.

〔23〕黔南布依族苗族自治州人民政府.水書‧婚嫁卷〔M〕.梁光華，蒙景村，蒙耀遠等，譯注.貴陽：貴州民族出版社，2010.

（原載於《黔南民族師範學院學報》2016 年第 2 期）

昌明文庫・悅讀文化 A0605014

貴州少數民族語言文字研究　下冊

作　　　者	韋　煜
責任編輯	林以邠
版權策畫	李煥芹

發 行 人	陳滿銘
總 經 理	梁錦興
總 編 輯	陳滿銘
副總編輯	張晏瑞
編 輯 所	萬卷樓圖書股份有限公司
排　　 版	菩薩蠻數位文化有限公司
印　　 刷	百通科技股份有限公司
封面設計	菩薩蠻數位文化有限公司

出　　版　昌明文化有限公司

桃園市龜山區中原街 32 號

電話 (02)23216565

發　　行　萬卷樓圖書股份有限公司

臺北市羅斯福路二段 41 號 6 樓之 3

電話 (02)23216565

傳真 (02)23218698

電郵 SERVICE@WANJUAN.COM.TW

大陸經銷　廈門外圖臺灣書店有限公司

電郵 JKB188@188.COM

ISBN 978-986-496-531-1

2019 年 3 月初版

定價：新臺幣 320 元

如何購買本書：

1. 轉帳購書，請透過以下帳戶

合作金庫銀行　古亭分行

戶名：萬卷樓圖書股份有限公司

帳號：0877717092596

2. 網路購書，請透過萬卷樓網站

網址 WWW.WANJUAN.COM.TW

大量購書，請直接聯繫我們，將有專人為您

服務。客服：(02)23216565 分機 610

如有缺頁、破損或裝訂錯誤，請寄回更換

國家圖書館出版品預行編目資料

貴州少數民族語言文字研究 / 韋煜著.-- 初

版.-- 桃園市：昌明文化出版；臺北市：萬

卷樓發行, 2019.03

　冊；　公分

ISBN 978-986-496-531-1(下冊 : 平裝)

1.少數民族語言 2.貴州省

673.608　　　　　　　　　　　108003219

本著作物經廈門墨客知識產權代理有限公司代理，由華中科技大學出版社授權萬卷樓圖書股
份有限公司（臺灣）、大龍樹（廈門）文化傳媒有限公司出版、發行中文繁體字版版權。

本書為金門大學產學合作成果。　　　　　　校對：江佩璇／金門大學華語文學系三年級